DESMOND DOSS : CONSCIENTIOUS OBJECTOR

不戰的勇士：鋼鐵英雄戴斯蒙

法蘭西絲・杜斯　著

致謝

戴斯蒙的母親是他生命中非常重要的人，

我希望能用這本書來表達他對母親柏莎‧杜斯的感念之情。

而我母親也是我生命中非常重要的人，

同樣我也用此書來表達我對母親蔦楚德‧夏爾曼的感謝之意。

法蘭西絲‧杜斯

目錄

出版序

　　2016年年底一部改編自真人真事的傳記戰爭片《鋼鐵英雄》（Hacksaw Ridge, 中國譯《血戰鋼鋸嶺》）在全球各地上映後，獲得影評人和觀眾的一致好評。片中劇情除了以少見的個人信仰角度切入殘酷真實的戰爭外，最令人感動的想必就是主角戴斯蒙·杜斯了。他雖頻頻遭受軍中同袍嘲笑霸凌，被認為是個濫好人的智障者，但他仍不改初衷，戰場上真情流露，即使不拿槍，仍照樣冒著生命危險到處救人，甚至對那些霸凌他的同袍盡棄前嫌，一心只想拯救他們，這使得大家對他完全改觀，而他也成為了年輕人的楷模。這樣的英勇行為，當然亦獲得了美國的最高榮譽——榮譽勳章（The Medal of Honor）。

　　許多觀眾看完該片後，很好奇他的背景以及為何他如此堅守

他的信仰，在這樣的情況下我們出版了這本書。希望讀者能了解他不僅在戰場上是如此，即使在生活上、信仰上也都是如此，他的一生就是活出他所相信的。

在此我們要特別感謝「戴斯蒙・杜斯委員會」（Desmond Doss Council）允許我們使用許多珍貴照片，也謝謝美國太平洋出版社、戴斯蒙・杜斯的兒子小戴斯蒙・湯米・杜斯（Desmond Tommy Doss）、甲上娛樂公司和影迷們等提供資料和意見，使我們更了解當時第二次世界大戰慘烈的狀況。

期望此書能提供各位對戴斯蒙・杜斯的信仰多一點思考的空間和對於第二次世界大戰的省思。

時兆編輯部　謹識

戴斯蒙喜愛的話語

聖經經文——「你要專心仰賴耶和華,不可倚靠自己的聰明,在你一切所行的事上都要認定祂,祂必指引你的路。」(箴言3:5-6)

問候語——「上帝祝福你。」

格言——「如果一件事不值得你好好做,就乾脆不要做!」、「你知道多少不重要,能做到多少才重要。」

★戴斯蒙·杜斯手持《聖經》,上面的勳章是美國陸軍榮譽勳章(Medal of Honor)。

前言

親愛的讀者：

　　我之所以請內人法蘭西絲・杜斯（她是一名虔誠的基督徒）為我代筆寫下這本書，是因為她比誰都清楚我這蒙神帶領的一生，也非常了解我期望此書能盡量忠於事實。

　　而我出版這本書的目的，主要是希望能鼓勵讀者朋友將您的生命奉獻給上帝，並為祂的復臨做好準備，因為祂就快來了。

　　上帝親手在石板上寫下了十誡。祂說十誡是完美的，一點一劃都不能多添或少去。我們將來會按照這使人自由的律法受審判，接受或拒絕這律法將是我們生死攸關的一個選擇。

　　法蘭西絲和我已決志跟從上帝，將祂擺在我們生命的首位，祂使我們彼此相愛，超乎我們所能想像，而我們的人生也因此無比喜樂。

你誠摯的基督裡的弟兄
戴斯蒙・杜斯 / 國會榮譽勳章受獎人

Desmond T. Doss, CMH.

★美國總統杜魯門頒發陸軍榮譽勳章予戴斯蒙‧杜斯

美利堅共和國總統代表國會
將「榮譽勳章」授予戴斯蒙‧杜斯

★**姓名：**戴斯蒙‧杜斯（Desmond T. Doss）

★**軍階與所屬單位：**美國陸軍第77步兵師307團醫務支隊

★**一等兵受獎事實發生時間與地點：**1945年4月29日到5月21日，

　日本琉球群島沖繩浦添村（Urasoe Mura）附近

★**入伍登記地點：**維吉尼亞州林奇堡市

★**出生地：**維吉尼亞州林奇堡市

★**一般命令第97號：**1945年11月1日

★**受獎事實敘述：**當第一步兵營對一個約120公尺高的崎嶇山

　崖發動攻擊時，戴斯蒙是軍隊的隨行醫護兵。我軍攻上崖頂

　時，敵軍展開一陣猛烈的大砲、迫擊炮及機關槍的攻擊，造

　成約75人死傷，多人撤退。然而一等兵杜斯卻拒絕尋求掩

　護，選擇留在受傷同袍的身邊，將他們一個個徒手搬運到崖

　邊，抬上擔架，再用繩索將他們沿著山壁垂降到由我方人員

　掌控的安全區域。

5月2日當天，在同個山嶺上，他為了要營救一名受傷的同袍，在步槍密集的掃射及迫擊砲的轟炸下，冒險前進至火線200碼（約183公尺）之處；兩天後他冒著四處投射的手榴彈之危險，挺進到離敵軍只有7公尺遠的一個洞穴口，為4名在進攻一座防守嚴密的洞穴時受傷的同袍們裹傷；後來又在砲火中往返4趟，將他們運送到安全地帶。

　　5月5日那天，他不顧敵方小型武器的攻擊，救助一名砲官。他為這名砲官纏上繃帶，將他移到小型武器攻擊不到的地點。雖然大砲及迫擊砲的砲彈在他附近爆炸，但他仍在艱難的環境下完成為砲官注射血漿任務。

　　當天稍晚，我方一名軍官被從洞穴發射的砲火擊成重傷，並距離敵軍僅有七、八公尺之遠，一等兵杜斯見狀，不顧危險，爬到這位重傷者旁施行急救，並在持續猛烈的砲火襲擊中，抓著他行經95公尺進入安全地點。

　　5月21日，在首里城附近一場高地的攻擊行動中，杜斯的其他同袍紛紛尋求掩護時，他卻寧可冒著被誤認為是敵方之危險，也要衝向前搶救傷患，然而他自己的雙腿卻因此被手榴彈炸成重傷。

　　儘管受了傷，他卻不願叫其他醫護兵離開掩護地點，前來

照顧他，反而自行處理傷勢，直到5小時之後2名搬運擔架的士兵到來，將他抬上擔架，快步帶往掩護地方。

然而士兵和他在途中卻遇上坦克車攻擊，杜斯看到附近有人傷勢比他嚴重，卻自願下擔架，要士兵帶重傷者先行離開。在等待他們返回的時候，杜斯再度遭砲火所傷，造成一條手臂複雜性骨折。但憑著過人的堅忍毅力，他以來福槍的槍桿當作固定的夾板，綁在自己碎裂的手臂上，忍痛爬過274公尺崎嶇難行的坡路，抵達救護站。

因著卓越的勇氣及大無畏的決心，一等兵杜斯在極端危險的環境下拯救了許多其他同袍的性命。對於第77步兵師來說，他的名字成了勇士的代名詞，其英勇行為已遠遠超越了他個人職責所需。

1945年10月12日
於白宮
總統杜魯門

The President of the United States of America, authorized by Act of Congress, March 3, 1863, has awarded in the name of The Congress the MEDAL OF HONOR to

PRIVATE FIRST CLASS DESMOND T. DOSS
UNITED STATES ARMY

for service as set forth in the following

Citation: Private First Class *Desmond T. Doss*, United States Army, Medical Detachment, 307th Infantry, 77th Infantry Division. Near Urasoe-Mura, Okinawa, Ryukyu Islands, 29 April - 21 May 1945. He was a company aid man when the 1st Battalion assaulted a jagged escarpment 400 feet high. As our troops gained the summit, a heavy concentration of artillery, mortar and machinegun fire crashed into them, inflicting approximately 75 casualties and driving the others back. Private First Class *Doss* refused to seek cover and remained in the fire-swept area with the many stricken, carrying them one by one to the edge of the escarpment and there lowering them on a rope-supported litter down the face of a cliff to friendly hands. On 2 May, he exposed himself to heavy rifle and mortar fire in rescuing a wounded man 200 yards forward of the lines on the same escarpment; and two days later he treated four men who had been cut down while assaulting a strongly defended cave, advancing through a shower of grenades to within eight yards of enemy forces in a cave's mouth, where he dressed his comrades' wounds before making four separate trips under fire to evacuate them to safety. On 5 May, he unhesitatingly braved enemy shelling and small-arms fire to assist an artillery officer. He applied bandages, moved his patient to a spot that offered protection from small-arms fire and, while artillery and mortar shells fell close by, painstakingly administered plasma. Later that day, when an American was severely wounded by fire from a cave, Private First Class *Doss* crawled to him where he had fallen 25 feet from the enemy position, rendered aid, and carried him 100 yards to safety while continually exposed to enemy fire. On 21 May, in a night attack on high ground near Shuri, he remained in exposed territory while the rest of his company took cover, fearlessly risking the chance that he would be mistaken for an infiltrating Japanese and giving aid to the injured until he was himself seriously wounded in the legs by the explosion of a grenade. Rather than call another aid man from cover, he cared for his own injuries and waited five hours before litter bearers reached him and started carrying him to cover. The trio was caught in an enemy tank attack and Private First Class *Doss*, seeing a more critically wounded man nearby, crawled off the litter and directed the bearers to give their first attention to the other man. Awaiting the litter bearers' return, he was again struck, this time suffering a compound fracture of one arm. With magnificent fortitude he bound a rifle stock to his shattered arm as a splint and then crawled 300 yards over rough terrain to the aid station. Through his outstanding bravery and unflinching determination in the face of desperately dangerous conditions Private First Class *Doss* saved the lives of many soldiers. His name became a symbol throughout the 77th Infantry Division for outstanding gallantry far above and beyond the call of duty.

Harry Truman

October 12, 1945
THE WHITE HOUSE
AFC 2001/001/32978 (MSO4)

14

The United States Army
MEDAL OF HONOR
THE NATIONS HIGHEST MEDAL FOR VALOR

― 第 1 章 ―

回憶〈一〉

一名士兵孤孤單單地站在運兵船的護欄邊，望向大海。西方掛著半輪明月，銀色的月光灑遍海面。

他所在的這艘船正駛離夏威夷；美軍第77步兵師剛結束在那裡的叢林作戰演練。時值第二次世界大戰，船上的士兵只知道船隊正朝著西太平洋方向前進，沒人告訴他們最終目的地為何。

甲板上有幾名士兵摸黑走動著，船隻之所以不開燈，是怕敵軍發現而受到對方砲彈攻擊。儘管戴斯蒙並非一人獨處，但他仍感到孤單寂寥。

他的思緒飄向了家以及親愛的家人：父母、弟弟、姐姐，以及新婚兩年的漂亮妻子。他好想桃樂絲，想起搭船離開美國前跟她相處的最後片刻。「何時才能再見到她？會有這一天來臨嗎？」一想到這點，戴斯蒙心中痛苦不堪。他嘗試將思緒轉移到其他地方。

★ ★ ★ ★ ★

一幅畫

「一幅美麗的畫，請出價！」拍賣官邊說邊從一些拍賣品中抽出一幅畫。「請出價！」，他又說了一次。「10分錢！有人出10分。有人要出20分嗎？好的，伯朗先生，謝謝你。

20分！有人要出50分嗎？這幅畫很美，它遠遠超過這個價錢。好，50分了！有沒有人要出75分？」他環顧四周。「有人出75了。80分！有沒有人？」他等了一下，又繼續喊：「75！75！75！有人出80嗎？沒有了嗎？成交！由那邊的那位先生以75分標得。」

拍賣的十誡畫

「杜斯先生，恭喜！你賺到了！」拍賣官說。湯瑪斯‧杜斯把那幅畫接過來，看著它，納悶自己為何要買下一幅描繪主禱文及十誡的畫。他承認它畫得很好，但他買這幅畫做什麼呢？

「好吧！柏莎也許會想把它掛在客廳的牆壁上。」杜斯喃喃自語道。他參加這場拍賣會的目的，只是想為新居添購一些家具及其他用品；他和柏莎剛結婚，希望能在有限的預算下購買他們愛的小窩所需的家具。

儘管購買這幅畫時，戴斯蒙‧杜斯還沒出生，但他已聽大人們說過很多次了；更何況那幅畫就近在眼前——就掛在他們位於維吉尼亞州林奇堡市（Lynchburg）依斯利街家中那面小小的客廳牆上。

①林奇堡市 ←

從小戴斯蒙就對那幅畫充滿了興趣——事實上，媽媽有時希望他能轉移注意力，不要對那幅畫有那麼濃厚的興趣。這原因不是媽媽不想要戴斯蒙注意它，而是小戴斯蒙老是把一張原本放在餐廳的椅子拖到客廳，挺直著背站在椅上，非常仔細地端詳畫中的人物與圖片。

有一次媽媽告訴他：「戴斯蒙，把椅子放回餐廳，好嗎？天呀！那椅面都快被你磨壞了，你怎麼一天到晚老是站在上面！」不過戴斯蒙知道媽媽不是真的對他生氣，只是抱怨他。

那晚站在運兵船的甲板上，處在昏暗的太平洋，戴斯蒙不斷憶起從小到大的點點滴滴，再次體會到那幅畫對他的影響有多深遠。

在那幅畫中，十誡中的第六條誡命「不可殺人」是以《聖經》裡的人物——該隱與亞伯的故事為代表，圖中描繪的是該隱手持一根棍棒，殺死了弟弟亞伯，在屍體旁警戒著。戴斯蒙常想：「親哥哥怎麼能做出這種事？」這個畫面讓他深深感受到殺戮的恐怖——不論對象是人還是其他生物，他相信是這幅畫讓他決定要成為一名救人而非殺人的醫護兵。他感覺上帝在對他說：「戴斯蒙，你不可以殺人！想想看，如果我是你的話會怎樣做；如果你愛我，就該追隨我的榜樣，救人性命。」

★ ★ ★ ★ ★

安息日學

　　他任思緒飄盪，又想起了媽媽。媽媽（**願主保守她**）總是在安息天帶著他們3個孩子一起上教堂聚會（**《聖經》裡所提的安息日是指星期六**），媽媽最早是推著嬰兒車裡的姐姐奧黛莉，等到奧黛莉可以走路，跟在媽媽身旁出門時，嬰兒車就換成戴斯蒙坐，最後輪到弟弟小哈洛德坐在嬰兒車裡，他和姐姐站兩邊。每次去教堂時他們兩人都一路開心地在媽媽旁邊蹦蹦跳跳。

　　「戴斯蒙、哈洛德，複習《聖經》功課的時間到囉！」媽媽這樣喊著，奧黛莉已經有自己的小本《聖經》，她已準備好要翻開《聖經》，而兩個小男生也很快加入她和媽媽的行列。這項活動已成為他們家的一個傳統。

　　戴斯蒙想起，他被徵召入伍前，才因為他每週準時出席教會的安息日學，且每天認真地研讀當週的功課進度，所以獲得小緞帶勳章作為獎勵；這已經是他第八次得到緞帶勳章了。

　　他另一個回憶的場景是位於派克街小教堂後方的安息日學校。每個上課的學生都必須參與學校環境的維護，老師會指派他們從事各種清潔工作，工作內容會不時地輪替，讓學生不至於無聊。

　　戴斯蒙印象最深刻的一件事是，有一次他被分配要清理黑板及板擦。他心想：「黑板看起來不髒，很乾淨，所以不用清理，我只要把兩個板擦拿出去外面清一清，就能回家了。」

　　這時，他突然心生一計。他知道，如果把兩個板擦相互摩擦，就可以讓板擦表面看起來很乾淨，而且也不會因為清理粉筆灰的關係，使他的喉嚨癢到一直想咳嗽，這樣也比較省時。於是，戴斯蒙將兩個板擦輕輕摩擦完後直接放回黑板旁的粉筆槽。然而，儘管兩個板擦表面看起來很乾淨，但其實裡面積滿了粉筆灰。

　　戴斯蒙才剛把板擦放好，聰明而有智慧的老師尼爾‧基特嫚（Nell Ketterman）二話不說就逕行走到黑板前。她拿起兩個板擦互相撞擊——不用說，粉筆灰飛得到處都是！這時，老師說了一句令戴斯蒙終身難忘的話：「戴斯蒙，如果有一件事你覺得它不值得去做，就乾脆不要做。」於是戴斯蒙將板擦拿出去外面，再次清理——這次他完全照規矩來，而老師的這句話從此讓他銘記在心，不論是在成長的過程中，或是軍旅生活中，他始終牢記這句話：凡事只要決定去做，一開始就要努力做好。

　　板擦事件發生後不久，基特嫚老師就去中國當宣教士了。戴斯蒙長大後，也曾想像基特嫚老師一樣，到遠方做海外宣教

的工作。然而當他置身在那艘運兵船上時,他還不知道,自己也即將在所前往的島嶼上,成為一名真正的宣教士,看顧當地民眾以及自己的同袍。

★ ★ ★ ★ ★

上帝的看顧

他接著回想到,上帝如何看顧著他。戴斯蒙的成長過程中充滿了驚險的畫面;有時他的媽媽還真不知道他如何能夠順利地長到這麼大的。老實講,回顧他過去25年的人生,戴斯蒙也不明白自己是怎麼保住小命,活到現在。

「戴斯蒙,牛奶喝光了!再不補滿,明天早上就沒得喝了!」媽媽說。「你去艾拉阿姨家帶一夸脫(約946cc)的牛奶回來,好嗎?」艾拉阿姨有個菜園,還養了一隻乳牛;當時正值經濟大蕭條時期,艾拉阿姨總是慷慨地與親戚分享她家裡的蔬菜和牛奶,因此媽媽叫戴斯蒙去她家拿牛奶。

他和艾拉阿姨之間平常的對話內容,他幾乎都背起來了。

「一夸脫就夠了嗎?戴斯蒙。」她總是很熱情地問。「媽媽只叫我拿一夸脫。」戴斯蒙每次也只是平淡地這樣回答。

「好吧!」接著她會把牛奶倒進戴斯蒙帶來那個容量為一

夸脫的玻璃瓶中。（**那時的牛奶都裝在玻璃瓶裡的，不像現在都用塑膠容器。**）

「艾拉阿姨，謝謝您！」通常戴斯蒙拿到牛奶後會答應替艾拉阿姨問候媽媽，之後就打道回府。

但這一次戴斯蒙沒能到了艾拉阿姨家！去艾拉阿姨家的路上會經過一段鵝卵石鋪設的石子路，儘管它比泥巴路好走一點，但路況也是起伏不平。這天，戴斯蒙的腳踢到一顆石頭而絆了一跤，因為怕把玻璃瓶摔破，他把瓶子高舉著——但沒有用，瓶子還是碎了！

戴斯蒙摔倒在地，發出慘叫聲，鄰居聽到聲音，急忙跑出來看是誰受傷了，有人跑去告訴戴斯蒙的母親。他的媽媽聽聞後即刻從家裡跑到人行道，看到戴斯蒙倒在地上。

「寶貝，發生什麼事了？」

她立刻察覺他的左手傷得不輕，於是跑回家裡，拿了一條大毛巾把他的手包紮起來。一位鄰居借他們車，把戴斯蒙送到林奇堡市醫院，相當於今日急診室的診間。

醫生努力把戴斯蒙的手縫合起來。「杜斯太太，我已經盡全力了，但令郎的手恐怕永遠無法恢復正常的功能。他的肌腱和肌肉已被割得……」醫生沒繼續往下說。

　　聽到無法復原的陰影籠罩下，戴斯蒙及傷心的媽媽回到家裡。但媽媽還是想為戴斯蒙做點什麼，於是，只要戴斯蒙的手一有癒合的跡象，不再那麼疼痛時，她就儘量將他的手指頭前後上下左右地扳動，使肌肉能伸展到最大極限。

　　「噢！噢！媽媽，好痛！好痛！」戴斯蒙大叫。

　　「戴斯蒙，我知道，但我們只要有一點點能讓那隻手復原的希望就不能放棄。你試試看，我如果沒去拉你的手指，它們自己能不能動？我們一起為你的手指禱告好嗎？」媽媽一直為戴斯蒙的手禱告，但現在她的禱告更加熱切了。

　　有一天，媽媽從工作的鞋廠回到家，就聽到戴斯蒙的聲音。「媽，妳快來！我要給妳看一樣東西！」戴斯蒙迫切地叫。

　　「來了來了！怎麼了？」媽媽走向戴斯蒙。他伸出左手，擺動他的食指。

　　「戴斯蒙，太好了！你的手指能動了！」媽媽驚呼著。看到這奇蹟似的轉變，她高興得不得了。

　　「我們一起向上帝獻上禱告，謝謝祂親自醫治你的手。」

　　戴斯蒙和母親一起低頭禱告，感謝上帝如此祝福他們，使他的手真的痊癒了。儘管兩隻手在外觀上有點不同，但只要手的功能正常，他已經很滿足了。

★★★★★

另一個祝福

那夜在甲板上，戴斯蒙又想起有一次上帝用很特別的方式來看顧他。

那天他正在跟鄰居小朋友玩耍，他們在一面石牆的上方坡地跑來跑去。戴斯蒙一不小心摔了下來，膝蓋被碎礫的牆面削去一層皮。他記得當時痛得不得了，「我要先回家了！」他告訴其他小朋友。

那晚他看著傷口。「天哪，好痛！」他喃喃自語，心想傷口遲早會好的，他不想讓媽媽為膝蓋擦破皮這種小事擔心。於是他努力用正常的方式走路，沒讓家人發現他受傷——但沒能隱瞞太久，因為到了第三天，他發現他已無法下床了。

由於媽媽去鞋廠上班，她很早就得出門，鄰居太太珍妮阿姨會過來幫忙將孩子們叫醒、弄早餐，並送他們出門上學。那天早上，她一如往常地叫戴斯蒙起床，可是過了好幾分鐘，他依然沒動靜，於是她跑去戴斯蒙的房間看看怎麼回事。

她發現戴斯蒙抱著膝蓋低聲呻吟，儘管她沒什麼醫學背景，但看到他的膝蓋，就知道他病得不輕：整個膝蓋又紅又燙，駭人的紅色紋路由瘀傷處向外散開，顯示傷口已有敗血症

的跡象。珍妮阿姨立刻打電話給人在鞋廠的媽媽，跟她簡單說明了一下戴斯蒙膝蓋的情形，請她趕快回家照顧他。

「戴斯蒙，你怎麼不早點告訴我？」媽媽看到戴斯蒙的膝蓋難過地問道。

「我以為它自己會好，不想讓妳擔心。」戴斯蒙回答。

媽媽心想，她寧願戴斯蒙早點說，就算讓她操心也不要拖到現在，但她當時沒這樣跟戴斯蒙說。後來，醫生來了，仔細檢查過戴斯蒙的膝蓋後，醫生告訴戴斯蒙的父母（**那時候爸爸也趕回來了**）說：「雖然很遺憾，但我仍然必須告訴你們，戴斯蒙的膝蓋受到非常嚴重的感染，現在唯一的辦法，恐怕就是截肢，因為病毒已侵入他的身體，除非截肢，否則他的性命不保。」

「性命不保？」這怎麼可能！但他們怎麼可以就這樣讓醫生把戴斯蒙的一條腿鋸掉！不，不！難道以後戴斯蒙就只能靠一條腿行動？那太悲慘了！可是，要是不截肢，戴斯蒙就會沒命？這真是一個難以抉擇的時刻！

「醫生，難道真的沒有其他方法了嗎？」媽媽絕望地問。醫生建議他們，可以在戴斯蒙的膝蓋上放個熱敷袋試試。

「杜斯太太，妳不妨試試看。不過要注意，至少每2小時要更換一次。我不知道這樣做有沒有用，要是到明天都沒改善

的話，還是得截肢。」醫生離開時這樣回答。

　　媽媽把一大鍋熱水放在爐子上，讓它保持滾燙，然後將一條大毛巾用熱水浸濕，扭乾後放在戴斯蒙的膝蓋上，上面再覆蓋一條摺了又摺的厚毛巾，以維持下方熱毛巾的熱度，並頻繁更換熱毛巾，確保它一直是熱的。

　　同時，她自然也不忘祈求上帝，讓她的努力發揮效果，保住戴斯蒙的腿。這樣持續一日一夜的熱敷更換下來，戴斯蒙的母親已筋疲力竭，但她仍沒停下手上的動作。

　　「媽媽，我的腿好像沒那麼痛了。」夜裡戴斯蒙對媽媽說。媽媽仔細查看傷口，也覺得似乎有好轉一點，紅色條紋漸漸變淡了。感激的淚水湧入她的眼眶，她向上帝獻上感謝，並繼續禱告、更換熱敷巾。

　　第二天醫生來了。他再次檢查戴斯蒙的膝蓋，說：「杜斯太太，我想妳會贏得這場戰役。情況似乎已漸漸好轉，但接下來幾天妳仍要密切觀察。」這些話彷彿是天上的美妙佳音！杜斯一家都高興的不得了──最高興的自然還是戴斯蒙本人。

　　關於那場病，他還特別記得一件事：在床上躺了幾天，接受治療並漸漸好轉後，他決定試著站起來。他先坐到床邊，把腳放到地面，想靠著腳的支撐力慢慢站起來──結果整

個人摔倒，重重地趴在地板上！他才知道自己得努力恢復體力，且幾乎是重新學會走路。

★ ★ ★ ★ ★

哈洛德

當晚戴斯蒙靠在甲板的欄杆邊，還想起另一個經歷，但這次的主角不是他。

戴斯蒙的弟弟哈洛德有一次病得非常嚴重，體溫高到攝氏39度多，他整個人痛苦不堪，媽媽用盡各種辦法想讓他好過一點，但似乎徒勞無功。他高燒不退，痛苦的低聲呻吟著，就連醫生看過哈洛德後，也束手無策。

「戴斯蒙太太，我不敢說令郎能否熬過今晚。如果他今晚能夠平安度過，明早我就會帶另一位醫生來，我們會為他做一個腰椎穿刺，找出問題到底在哪裡，看看有沒有辦法醫治他。」醫生的這番話聽起來一點都不令人欣慰。

「戴斯蒙，我覺得我們應該要為哈洛德禱告，你說是不是？」媽媽憂心忡忡的對哥哥戴斯蒙說。

「對，媽媽，我們一起來為哈洛德禱告，上帝會讓哈洛德好起來嗎？」戴斯蒙問道。

「我不知道，寶貝。讓我們禱告，我們總是願上帝成全祂的旨意，但我們還是可以將我們心裡所求所想的告訴上帝。」母子兩人跪在哈洛德的床邊禱告。媽媽禱告道：「我們在天上的父，祢知道哈洛德病得很重，他很痛苦；如果我們所求的是符合祢心意的話，請醫治他；如果不是祢的旨意……」她哽咽了，「請快快帶走他，讓他不要受太多苦。謝謝祢，天父，阿們。」

媽媽和戴斯蒙站起身，看著哈洛德，發現他的呼吸已變得較平緩。他們以為他快離世了，然而情況剛好相好，在靜靜的呼吸聲中，他的臉上開始出現血色，也很快地沈沈入睡了。第二天早上哈洛德醒來時，他覺得他好多了。這次經驗讓戴斯蒙和媽媽都畢生難忘！隔天早上醫生就如先前答應的那樣，前來看看病況，他看到哈洛德好轉後，大吃一驚。媽媽迫不及待地告訴他——她做了禱告後，結果哈洛德馬上好轉起來。

「孩子，上帝親自醫治了你，」醫生說。「我相信祂必有祂的旨意。」

★ ★ ★ ★ ★

「累了，應該進船艙睡了。」戴斯蒙心想，於是返回船艙的舖位，他很快就入睡了。

28

The United States Army

MEDAL OF HONOR

THE NATIONS HIGHEST MEDAL FOR VALOR

第 2 章

回憶〈二〉

隔了幾晚後，戴斯蒙又返到運兵船的甲板上，這天月亮升得較高了，銀色的月光依舊灑遍海面，他又開始憶起往事。

★ ★ ★ ★ ★

腳踏車

「真希望我能有一輛腳踏車。」有一天戴斯蒙向朋友保羅說道，「這樣我們就可以一起騎腳踏車出去玩。」

「你為什麼不去買一輛？」保羅問。

「沒辦法，我沒錢。」戴斯蒙回答。兩人沈默了一會，但很快地保羅想到一個主意。

「我們去資源回收場試試運氣吧！或許可以撿到別人丟掉的零件，我們可以自己組裝一輛車。走！我們去試試看！」戴斯蒙欣然同意。很快的，兩人就來到回收場，開始翻翻撿撿。

「這個看起來好像是腳踏車的車體！」保羅邊說邊把垃圾挖開。「真的耶！它看起來還算完好。」

「這裡有個輪胎——欸，是兩個！」戴斯蒙也很興奮。

他們繼續搜尋，找到一個鏈輪，又撿了兩三條鏈條，為了避免鏈輪和鏈條的尺寸不合，他們甚至還找了兩個舊輪胎備用；儘管這些東西看起來需要修補，但也許他們自行可以搞

定，甚至連前後檔泥板都能找到，雖然一個是紅的，另一個是藍的，不過它們還是可以使用的。

兩個小男生高興地把戰利品拖回家。他們在保羅爸爸的工具箱中找來了螺栓及螺絲，沒多久就把腳踏車組裝起來了。儘管腳踏車看起來不怎麼樣，但重點是它可以騎。戴斯蒙和保羅常一起騎出去，或許因為這車是他們自己努力的成果，所以騎起來格外開心享受。

不過戴斯蒙也沒忘記，好幾次那輛腳踏車幾乎把他害慘了。有了腳踏車後，他每天都騎著它上學。有一天在騎往學校的路上，戴斯蒙經過格林先生的雜貨店，看到伍茲先生送牛奶乳酪的卡車停在旁邊，這喚醒了他的冒險魂：何不抓著卡車的車尾搭便車？這樣可以更快到學校。

於是，當伍茲先生跳上車，準備開往下一個配送點時，戴斯蒙立刻抓住了右後側的擋泥板，緊靠著卡車右側。

「真好玩！」就當戴斯蒙這樣想時，車子已很快地轉進林奇堡市的坎貝爾大道，這是一條路面平整的主要道路，早晨這段時間路上人車不多，他忍不住大聲說：「太好玩了！一點都不危險嘛！」然而，後來有幾次卡車為了閃避路上的人車，車尾幾乎快要撞上人行道（**顯然伍茲先生不知道有個小男孩騎著腳踏車貼**

在他的卡車後面），這時戴斯蒙開始覺得不對勁，似乎這樣做有點危險了！

接著他看到前方山腳下的鐵路，卡車接著就要通過幾條交叉的軌道——兩組火車鐵軌及一條轉彎的電車軌道即將在此交會。戴斯蒙微微瑟縮了一下，但還是抓緊卡車後方，現在卡車車速已不容他放手了。

過鐵道時腳踏車顛簸得非常厲害，有片刻時間戴斯蒙擔心那輛拼裝腳踏車的老骨頭會經不起這樣的折騰；腳踏車輪和鐵軌相碰時，感覺車身好像快要解體了，有幾次他覺得自己也快要被甩出去了。但很快的，卡車和腳踏車順利通過所有鐵軌，開上平坦的柏油路，駛往山丘的下一個配送點。

畢竟戴斯蒙是小男孩，天不怕地不怕，等到卡車停在一家餐廳門口前，準備配送牛奶及其他奶製品時，戴斯蒙早已將剛才的驚險過程全拋諸腦後了。

不知情的伍茲先生還輕快地跳下車，走到車子後方準備卸貨，卻聽到戴斯蒙小小的聲音傳來：「感謝伍茲先生帶我兜風。」他立即轉頭，看到一名小男孩和一輛奇怪的腳踏車。

這時他才聽懂小男孩所說的「兜風」是指什麼，他的臉色頓時鐵青。

　　「小子，你不要命了嗎？你知不知道這樣做可能會沒命？拜託，不要再幹這種無聊事了。」

　　戴斯蒙除了說「好吧」之外，不知道該說什麼，他只能尷尬地跳上腳踏車，稍微回想了剛才的經歷，用比剛才慢很多的速度往學校騎去。

林奇堡市

★ ★ ★ ★ ★

跳火車

　　沒多久，他憶起自己另一次更瘋狂、更玩命的嘗試。

　　當時的林奇堡市（它除了是戰略要地之外，也是鐵路和公路的交通樞鈕；有多條重要鐵路在此交會，還有一個具戰略性的內陸河流碼頭。該

市在美國南北戰爭時期是南部同盟軍的重要物資供給地，更是1865年南北戰爭簽署停戰協議的地方）。火車站常看到有著龐大蒸氣引擎的火車頭，後面拖著長長一列貨車車廂或乘客車廂，然後發出陣陣的汽笛聲。這些總是令住在附近的小男孩們著迷，但他們的母親們卻不喜歡火車冒出的黑煙，也不喜歡家裡的東西都沾上了一層煤灰，但小男孩是不管這些事的。

那天放學後，戴斯蒙和堂兄弟皮斯頓及比佛利（**他真的就叫比佛利Beverly。Beverly這個字在英文裡通常是指女生的名字。**）碰頭，三人盤算著，在放學後和被叫回家吃晚飯前的這段時間有什麼樂子可找。

「我知道了！我們去第20街看我爸爸的列車經過吧！我想

1919年時的林奇堡市

它差不多就在這個時間會經過那裡。」皮斯頓提議著,他的爸爸擔任那列火車的列車長。

當他們到達第20街站時,那列車剛好靠站了。戴斯蒙的叔叔藍薩下車協助部分旅客下車,然後退回車廂邊,打手勢要駕駛開動。火車漸漸加速,藍薩看到他們3人,便笑著向他們揮手打招呼。

這列載著乘客的火車開走後,另一列在旁等候它通過的貨運火車也開始沿著鐵軌緩緩前進,這時又有個大膽的主意在戴斯蒙的腦海裡閃現。

「嘿!我們跳上火車試試看!」戴斯蒙興奮地大叫。

「會不會很危險?」比佛利看著隆隆駛過的貨運火車問道。

「安心啦！我爸在他婚前去找我媽約會的時候，就經常這樣做，他老是把它叫做『握住扶手』；他常常這樣做，只要跳上火車，然後抓穩火車側邊的階梯扶手就行了──簡單得很！」

不過，戴斯蒙沒講清楚，他的爸爸在鐵路局上班，對於跳上、跳下火車的時機都掌握得很清楚，而且他這樣做時，都是在車速很慢的時候。

皮斯頓和比佛利似乎相信了戴斯蒙的說法，於是3人開始跟在火車旁邊跑，完全沒有想到這樣做有多危險。

「我先跳上，然後你們學我的動作。」戴斯蒙喊道，他說完隨即跳上火車，抓住階梯扶手，其他兩人也迅速跟進，於是3人就像是「搭」火車一樣地站在車廂門口。很快地，皮斯頓和比佛利玩夠了，覺得無趣，便跳下車，然而戴斯蒙卻沒跳下來。

「戴斯蒙，下來！車子越來越快了！」兩個男生尖叫。

「它太快了！我沒辦法跳！」但戴斯蒙心裡明白他必須在列車開上橫跨坎貝爾大道的高架橋前跳下車，不然他就死定了。最終他還是決定放手一搏，跳下車後重重地摔到地面上，並滾到鐵軌旁的路堤，直接撞上路堤旁的水泥牆才停下來──而牆的下方約九、十公尺處就是坎貝爾大道。若是再晚十秒鐘才跳，就會看見他血濺坎貝爾大道，那情況差不多就是──死

得很慘。

「哇！好險呀！」剛經歷了這一番折騰，戴斯蒙仍處於亢奮狀態，他拼命喘氣，並試著動動手腳，檢查四肢，還好身上都沒什麼大傷，瘀青是一定有的，但至少骨頭沒斷。

他一拐一拐的走回家，這時媽媽剛好下班回來，他很小心地移動，希望不要被看到，雖然媽媽注意到戴斯蒙比平常安靜，但由於她忙著準備晚餐，打算稍後再找時間問他。

戴斯蒙不希望爸爸知道他做了什麼好事，然而爸爸一進家門，電話就響了，爸爸急忙跑過去接。

「什麼？你說什麼？」爸爸邊說話邊朝著戴斯蒙的方向看。他靜靜地聽對方講了幾分鐘，然後掛斷電話。

戴斯蒙後來才知道，他的堂兄弟因為沒看到他跳下來，所以回家後害怕地把整件事的來龍去脈向莫德嬸嬸全盤托出，於是莫德嬸嬸緊張地打電話來詢問戴斯蒙回家了沒有，有沒有受傷等等。

「戴斯蒙，你的腦袋到底在想什麼？你知不知道你做了什麼事？莫德嬸嬸把整件事都告訴我了。你竟然會瘋到以為自己可以跳上火車——我要好好教訓你，讓你知道不可以做這種事。」爸爸那時候還不是基督徒，而且他的脾氣也相當火爆；

我相信他的情緒已經處於失控狀態了。

「爸爸，我再也不敢了！真的，我再也不會這樣做了！」

「我知道你以後『可能』不敢了，但我要『確保』你以後不會再做！」父親憤怒地扯下他腰間的寬皮帶，開始抽打戴斯蒙。皮帶不斷地打在戴斯蒙的背部、腿部以及身體其他地方，他痛得大叫，但爸爸卻完全沒有想要罷手的意思！血開始從他的背部汩汩流出，戴斯蒙痛不欲生，他甚至覺得——還不如跳下火車摔死算了！

儘管媽媽還搞不太清楚到底發生了什麼事，但她仍趕來解救她的寶貝兒子。「湯瑪斯，夠了！你下手太重了！」

「他活該！笨傢伙！」爸爸的怒氣仍未消盡，他氣呼呼的走向另一個房間。

「戴斯蒙，你到底是做了什麼事，讓爸爸這麼生氣地毒打你一頓？」媽媽不捨地跪在戴斯蒙身邊問道。戴斯蒙抽噎著斷斷續續說出他跳上火車的事。

「孩子啊，你不知道這樣做，可能會沒命嗎？就算掉下去沒死，也可能被馬路上來來往往的車輛輾斷手腳而終生殘疾。」

「媽媽，我知道。我以後再也不會這樣了！」

「我很高興你這樣說，寶貝，我可不想因此失去我的兒

子。你既然答應了，我想你一定會做到的。」媽媽是個有智慧的女人，知道信任孩子比起責難他還更能幫助孩子走在正路上。那晚在甲板上，戴斯蒙想起這段往事，不禁再次深刻體認到，他一路走來，上帝是如何用心保護了他這個「笨傢伙」。他心裡充滿了感謝。

　　之後每當戴斯蒙想起這件事，就會想到要是皮斯頓或比佛利從火車上摔下去而失去性命或一隻手、一條腿怎麼辦？這都會是他戴斯蒙的責任。

　　他醒悟到做一個好榜樣有多重要，事實上，發生火車意外的當下他就已經想到這點了，這件事在戴斯蒙往後的人生中產生了很大的影響，好幾次在面臨考驗時，他都藉此提醒自己要為他人立下好榜樣。

　　戴斯蒙常常想，在他成長過程中所發生的這些事物對他之後做出的各種選擇，產生過多少影響？尤其是他從軍後的種種選擇。這些影響還包括那幅描繪十誡的圖畫，它教導他明辨是非，而母親對他的影響更是深遠——她引導他成為一位善良體貼，樂於助人的青年；成為一位立志為他人的好榜樣，堅守正道，永不妥協的青年。

★ ★ ★ ★ ★

　　在這艘載滿士兵的大型運兵船隊上，他能在甲板上做的事實在不多，感到疲倦後，戴斯蒙又下到他的船艙了。

The United States Army
MEDAL OF HONOR
THE NATIONS HIGHEST MEDAL FOR VALOR

第 3 章

回憶〈三〉

運兵船駛離夏威夷幾晚後，戴斯蒙數次重返甲板上專屬他的角落。他的思緒轉了個方向，回想起自己生命中幾次有驚無險的經歷。

★ ★ ★ ★ ★

什一奉獻

戴斯蒙的母親工作非常勤奮且相當敬業，深獲鞋廠老闆的肯定。她也對上帝忠心，總是把屬於上帝的財物歸還給祂。戴斯蒙不止一次聽母親說：「既然我不會去搶銀行，我也絕不會去搶奪上帝的東西。」她指的是——《聖經》裡提到我們所得的十分之一財物應歸祂所有。（**《聖經》上有51次論及十分之一，最為人熟悉的是瑪拉基書3：10提到「萬軍之耶和華說：『你們要當納的十分之一全然送入倉庫，使我家有糧，以此試試……。』」**）

而上帝會特別祝福那些忠心繳納什一奉獻的人。上帝要人們奉獻收入的十分之一，並不是為了要刁難他們，而是要藉此機會給予他們特別的祝福。奉行什一奉獻的人會發現，他們獲得的比獻出的還多。戴斯蒙記得，如媽媽所說的，好幾次上帝真的因此祝福了他們。

在林奇堡市搬了幾次家後，杜斯一家終於安定下來，向基

督復臨安息日會的教友范德格利先生買下了一間小房子；范德格利先生自己有好幾個孩子，需要換大一點的房子。杜斯家先付了定金，接下來要籌措每個月的分期付款。

「雖然每個月要繳的錢不多，」杜斯太太提醒丈夫說，「但以目前的情況來看，你平常只是打零工，而我在工廠的工作也非全職，因此就算這個月的貸款不多，恐怕我們也繳不出來。」

「我當然希望范德格利先生能對我們寬容一點，但他自己也有家庭要養。」杜斯先生低聲說。

「嗯，我一定會為這件事禱告。」杜斯太太說。

「禱告有沒有用我是不知道，但試試也沒差啦！」她丈夫沒好氣的說。

杜斯太太記得上帝承諾會給予那些忠心繳納什一奉獻的人特別的祝福，於是她在禱告時提到這事，求上帝依祂所應允的，賜下祝福。

幾天後，有人來敲杜斯家的門。戴斯蒙去開門，看到范德格利先生站在門口。戴斯蒙知道家裡付貸款有困難，范德格利先生這次來訪，不知是為了什麼事？不過他還是請范德格利先生進來。

戴斯蒙在廚房找到母親，「媽媽，范德格利先生來了。」

「噢，范德格利先生，您好您好！請坐！」母親一邊走進客廳，一邊打招呼說。

「謝謝妳，杜斯太太！我來是想跟您商量貸款的事。」母親心想，距離繳貸款的到期日還有兩天，不知他來是要談些什麼。

「我聽說你們最近手頭比較緊，所以要湊足貸款給我，似乎有困難，是真的嗎？」范德格利先生客氣地說。

「是的，范德格利先生，直到目前我們還沒湊齊金額。」

「我提供你們一個建議，你看這樣好不好？這幾個月你們就先付一半，等到手頭比較不那麼緊時，再繳付餘額。」范德格利先生問。

「范德格利先生，我的禱告真的得到回應了。我之前為這件事很煩惱，一直在禱告。」杜斯太太很老實的說，「你要的一半房貸，我現在就可以給你了。」杜斯太太把錢交給了范德格利先生。

事情就這樣說定後，范德格利先生起身告辭，留下快樂又感激的杜斯一家人，小戴斯蒙對這件事記憶深刻。

他記得後來家裡的經濟真的改善了，很快就付清剩下的餘額，甚至還能多付一點，最後一筆尾款更在到期前一個月就付

清了。媽媽總是說,這是因為她先前把屬於上帝的財物,也就是收入的十分之一還給祂。

另一次也是如此,杜斯太太見證了隨著繳納什一奉獻而來的特別祝福。格林先生的雜貨店允許顧客賒帳,除非顧客欠款欠得太離譜,才不得不將他列為拒絕往來戶。

戴斯蒙記得,有天晚上他們一家人去格林先生的雜貨店買東西,順便償還部分積欠的帳款。結帳時,格林先生很和氣的問:「杜斯太太,我發現妳最近買的東西好像變少了,可以請問妳是什麼原因嗎?」

「嗯,格林先生,我們最近有時會去超市買東西,因為價錢比較便宜,我們才能有多餘的錢來繳還欠您的帳款──我知道我們欠您很多,」她不好意思地說,「真謝謝您願意一直讓我們賒帳。」

「杜斯太太,只要我這家店還開著,您的信用評價都會是『良好級』的。」格林先生笑著回答。戴斯蒙知道有些顧客,包括他自己的親戚,都不能再賒帳了;他們家真的得到特別的祝福。

媽媽自然是高興地不得了!不只是因為她不需再為欠款的事太過傷神,也因為格林先生這麼信任她。她再次體認到,因

為她忠心繳納什一奉獻，上帝給了她特別的祝福。

★ ★ ★ ★ ★

菸酒

接著，戴斯蒙的思緒又轉往另一個方向的回憶，他永遠不會忘記爸爸喝醉那晚所發生的事。

那天杜斯一家去瑪蒂姑姑及亞瑟姑丈家作客。當時孩子們聚在一起玩耍，而女士們開心的聊天，這時亞瑟姑丈拿出了一瓶酒，和戴斯蒙的父親喝了起來。

之前戴斯蒙的母親曾和丈夫約法三章，她說：「湯瑪斯，你知道我來自一個不喝酒的家庭，所以對於你喝酒這件事，我是無法接受的。我有三個孩子要養，我不許你在他們面前喝酒或把酒帶回家。因此，你要嘛自行戒酒，要嘛就請你離開這個家。」戴斯蒙的父親知道自己的妻子說到做到，他很愛她及孩子們，所以決定戒酒。

在這之前他一直都很節制，直到那晚見到亞瑟姑丈，他就把戒酒的誓言拋諸腦後，甚至幾杯黃湯下肚後，兩人已失去理智，眼見著他們就要打起來了。

沒有人記得他們是為了何事起衝突，事後想必他們也一定

46

想不起來了。戴斯蒙他們在旁邊看著，不知會發生什麼事。這時，出乎杜斯媽媽意料之外的，杜斯爸爸竟不知從哪裡掏出了一把手槍，且把槍口指向亞瑟姑丈。

「湯瑪斯，住手！」戴斯蒙的母親嚇得大叫。

儘管兩個男人都喝醉了，但他們仍察覺到杜斯媽媽擋在他們兩人中間，他們當然也不想見到她受傷，兩人因此僵持不下。這時，瑪蒂姑姑臉色發白地跑去打電話叫警察。

「湯瑪斯，把槍給我！警察就要來了，要是他們看到你手上拿著槍，你就有大麻煩了！」杜斯太太伸手把槍快速搶過來，然後從兩人中間抽身，隨即把槍交給戴斯蒙。「戴斯蒙，快去把它藏起來，隨便哪裡都可以！」

戴斯蒙急忙帶著槍跑回家，他環視家裡每個角落，心想要藏在哪裡才不會被爸爸發現。

「啊，我想到了！可以把它藏在媽媽放鉤針用品的大罐子裡！」他把罐子裡的鉤針用品倒到桌上，把槍放到底部，然後再把那些鉤針用品舖在上面。後來戴斯蒙告訴母親他藏槍的地點，那把槍就一直放在那裡，直到戴斯蒙的母親把它移到一個很少打開的抽屜底部。

把槍藏好後，戴斯蒙重返姑姑家，就正好見到警察把他爸

爸帶離姑姑家，強制押入那輛用來載酒醉者或嫌犯的「黑色瑪麗亞」警車。爸爸在牢裡待了一天，直到他清醒為止。他醒悟到，太太柏莎是對的：酒精碰不得！

　　這次事件讓戴斯蒙下定決心，發誓與菸酒劃清界線，他親眼見到菸酒是如何毒害人，他的兩位男性長輩就是死於菸害，對於這個決定，他從來沒有後悔過。

★ ★ ★ ★ ★

　　戴斯蒙終於覺得累了，轉身返回他的舖位。他在床前跪下靜靜的禱告了一會兒，然後鑽進被窩裡，睡前他突然想起一件事：之前有一陣子，其他同袍在他禱告時會用鞋子或靴子丟他，現在他們對他的禱告已習以為常，就不再干擾他了。戴斯蒙很快進入夢鄉。

The United States Army

MEDAL OF HONOR

THE NATIONS HIGHEST MEDAL FOR VALOR

第4章

回憶〈四〉

　　對戴斯蒙來說，現在這個運兵船甲板上的小角落，彷彿就是他的家一樣。在這個小天地裡，他可以暫時脫離其他兵士的喧鬧聲，靜靜地想著他自己的事。

　　這一天戴斯蒙又來到甲板，太陽還沒完全下山，他從口袋掏出妻子桃樂絲在新婚不久後送他的小本《聖經》。他讀起了她寫在扉頁的一段經文：「你們所遇見的試探，無非是人所能受的。神是信實的，必不叫你們受試探過於所能受的；在受試探的時候，總要給你們開一條出路，叫你們能忍受得住。」**（哥林多前書** 10：13）。接著他讀了一些能支持和鼓勵他的經文，最後，他做了個簡短的禱告，求上帝保守爸媽、妻子還有自己，他覺得他們都需要用禱告把生命交託給上帝，尤其是他。

★ ★ ★ ★ ★

安息日

　　然後他想到了一件在他生命中讓他非常喜樂的事情。

　　戴斯蒙的父母剛認識時，母親已經有讀經的習慣，並決定成為一名基督復臨安息日會（**簡稱復臨教會**）的信徒，順從《聖經》的教導，而父親也逐漸對《聖經》產生興趣，想知道她在讀些什麼。然而時值美國大蕭條時期，工作難找，他明白，如

果跟雇主要求安息日不工作,他找到工作的機會就更小了。

　　「如果我成為基督復臨安息日會信徒的話,我們就會餓死。」這是他的藉口,因此,多年來他一直不上教會,且繼續抽菸——他知道信徒是不可以抽菸的。而那次發生在亞瑟姑丈家的事件,才讓他下定決心戒酒。

　　那件事發生不久後,杜斯夫婦聽說復臨教會要在離林奇堡市約12.5公里的布尤納維斯塔(Buena Vista)舉辦佈道會,於是他們討論是否要參加。

　　「我很想去。我們能不能至少參加這週五晚上的聚會?我聽說萊斯特‧孔長老(Elder Lester Coon)講道講得很好。」杜斯太太說。

「聽起來好像還不錯！好啊，我們一起去。」她的丈夫也同意了。

奧黛莉、戴斯蒙和哈洛德聽到都很高興，他們很少有機會去到林奇堡市以外的地方，因此這消息對他們來說就等同於度假機會，於是到了週五晚上，一家五口擠進家裡那輛舊車，快樂地前往布尤納維斯塔。

想到那輛車，戴斯蒙就聯想到他們家的寵物──鬥牛犬傑克，牠總是努力將牠的大頭擠出車頂那個塑膠材質的天窗。戴斯蒙覺得，如果狗會思考，他猜傑克大概會想：「這樣好多了！空氣清新，視野也比較好。」不過這回傑克沒一起來。

不久，一家人順利抵達布尤納維斯塔的大會地點。當時很多佈道會是在那種滿地木屑的大帳棚裡舉行的，但這次的佈道會地點是在布尤納維斯塔市的復臨教會。

孩子們衝到前面去坐，父母也跟著坐過來，好就近照顧。聚會隨即開始，聽眾先是唱詩歌、音樂敬拜，然後與孔長老同行的同工們熱誠地歡迎大家，接著就是孔長老的講道。

聚會結束時，孔長老向前跟杜斯一家打招呼：「非常高興看到你們全家！希望你們明天早上也會來聽。」

「不好意思，恐怕不行！我們住林奇堡市，離這裡有點

遠。」戴斯蒙的父親說。

「噢，那問題很容易解決！你們要不要住我家？內人和我都很歡迎你們來。」孔長老說。杜斯夫婦看得出孔長老是誠心地邀請他們，但他們不想麻煩人家。

「謝謝你們的好意，但這樣太麻煩你們了。」杜斯太太說。

「一點都不麻煩，我們非常歡迎你們。」孔師母不知什麼時候出現的，她笑著附和丈夫的提議。

於是杜斯一家就跟著孔長老全家一同回去了。來到孔家時天色已經晚了，孩子們都累了，不過戴斯蒙還記得，孔家有個很大的八角凸窗：中間一片大玻璃窗搭配兩旁向屋內斜切的小玻璃窗。這種八角窗的窗台會形成一個獨立的小空間，孔家在這個小空間設置了一個窗台座位，孔師母把它鋪上了床墊給戴斯蒙睡，他高興地爬進被窩，轉向窗子側睡，結果他見到了一片令他終身難忘的美景——透過三片窗玻璃，他看到滿天星星照耀在他的身上。

第二天早上，他們享用了一頓豐盛的早餐，然後一起去教會參加聚會。

晚餐後，杜斯爸爸覺得該打道回府了，但三個孩子想留下來，他們都很喜歡聽孔長老證道，於是爸爸只好依了他們，又

留了下來過夜。

孔長老是個很有趣的人，充滿了熱情與活力，講道內容也很精彩；杜斯爸爸常說孔長老是他所見過最棒的講道者，他總是穿著類似燕尾服的套裝，外套有著長長尾擺，內搭平整的白襯衫，衣領上夾著尖狀的領夾。他講道時，如果會眾因為吃太飽或會場太暖和而打起瞌睡時，他會用力敲一下講壇，發出「砰」的一聲，問道：「弟兄，你說是嗎？」以這種方式把打瞌睡的人當場嚇醒！

安息日的聚會結束後，杜斯爸爸覺得該是回家的時候了，畢竟安息日只到星期六的日落（**安息日一般是指星期六，但實際上應指星期五的日落到星期六的日落**），並且他們習慣在週六晚上進城去進行每週一次的大採買。

「你們有什麼物品是在布尤納維斯塔市買不到，非得回林奇堡市才買得到的嗎？」孔長老問道。

杜斯夫婦想想也對，的確沒有什麼東西是在布尤納維斯塔買不到的，於是，他們決定去雜貨店採買完畢後留下來繼續參加佈道會。

然後孔長老那晚的講題是「獸的印記」，他提醒聽眾，知道上帝的命令卻遲遲不去遵守是一件很危險的事，他還用了一

個有趣的比喻：「知道應該怎麼去做，卻不去做的人是個軟腳蝦（懦夫）。」

湯瑪斯・杜斯以前從沒以這個角度想過遵守安息日這件事，那晚開車回家的路上，他一直思索著孔長老的話。

他對柏莎說：「我其實很認同孔長老所說的，我們應該遵守上帝的安息日。我也想遵守安息日，但如果我真的這樣做，我們會餓死；你知道的，要是你要求週六（安息日）不上班，是很難找到工作的。」

「若真的要餓死，那我們大家就一起餓死吧！」他的妻子柏莎經歷過人生的難關，知道慈愛的上帝是值得信靠的。湯瑪斯為妻子堅定的態度感到開心。

布尤納維斯塔的特別佈道會後不久，萊斯特・孔長老的兄弟，也是維吉尼亞州教會的區會會長科林頓・孔（Clinton Coon）來到林奇堡市主持一系列佈道會，杜斯夫婦和孩子們也是場場出席。湯瑪斯越來越渴望能成為一名復臨信徒──但在那之前，他跟「尼古丁先生」（香菸）還有一場硬仗要打。

每天傍晚，杜斯太太帶著三個孩子舉行家庭禮拜時，每個人都會有這麼一段禱告：「親愛的耶穌，請幫助爸爸戒菸。」被代禱的對象（杜斯先生）這時通常都是坐在客廳那張老舊的安

樂椅上讀他的報紙，雖然報紙舉得高高的，遮住了他的臉，看不出他的任何表情，不過他都知道他們在禱告什麼。

有天晚上，禱告（**包括為他們的爸爸戒菸所做的禱告**）結束後，杜斯太太輕聲問孩子們：「你們有沒有注意到，爸爸最近都沒抽菸了？」

「真的嗎？」

「真的耶！他已經超過三週沒抽一根菸了。」

「媽媽，那真是太好了，我們都沒注意到！」三個孩子異口同聲道，然後他們跑向爸爸坐的安樂椅旁，告訴他他們有多高興看到他不抽菸了。儘管爸爸沒說什麼，但他其實很高興他們發現了。

佈道會進入尾聲時，孔長老為杜斯爸爸舉行了浸禮。受完洗後，爸爸馬上開始去找新工作，他是一名木匠，有時有工作可做，但都是零星或短暫的，於是他按照往例，去找漢卡克。漢卡克是一名建築包商，有時會有一、兩天的零星工作可以給爸爸做。

「湯姆，我的確有個小案子可以讓你接。工作內容是這樣的……。」漢卡克向杜斯說明他要做什麼。

那天剛好是週五，而那個案子花的時間超出了漢卡克和杜

斯的預期。接近傍晚的時候,漢卡克到杜斯工作的地點去了解狀況,發現進度離完工還有一段距離。

「湯瑪斯,你做得很好,不過你今天是做不完了,明天再來把它完成吧!」漢卡克建議。

「約翰,抱歉,但明天是我的安息日——不!是上帝的安息日,我不能在安息天工作,它是屬於上帝的。」杜斯說。

「好吧!那你明天來領你的工資。」漢卡克又提議。

「抱歉,約翰,那也不行。不過我星期一會來領我的工資。」湯瑪斯說。

「好的,湯姆。」漢卡克爽快地答應。

於是杜斯回家與家人共度週五晚上及安息日,並且一起參加教會的聚會活動。杜斯星期一去領工資時,碰到了漢卡克。

「湯姆,那個工作好像還是沒做完,你要不要把它完成?」漢卡克問道。

「當然,我很樂意!」杜斯答道。他掏出了工具,很快就做完了,就在杜斯即將完工時,漢卡克來了,問道:「湯姆,我有另一個工作需要人手,你有興趣接嗎?」湯姆當然求之不得。他手邊工作完成後,又繼續接到新的工作,忙了一天。從那天起,湯姆總是有案可接,他知道那是因為他在主的幫助下

忠心持守真理，數十年如一日。在杜斯夫妻都有了穩定的工作後，家裡的經濟情況漸入佳境。

★ ★ ★ ★ ★

開始工作

戴斯蒙完成了中學的學業，但讀書非他所長，於是他決定開始工作。他在「林奇堡木材公司」找到了份工作，但時薪僅有八分錢，而且很辛苦。他要幫忙把一車車的木材卸貨，並將零碎的木頭及木屑搬到火爐邊，將它們點燃為機器提供動力，還要把一袋袋重達45或90公斤的肥料搬下車。對於一個體重僅有56公斤的青少年來說，這可真是個粗活——何況每週工時長達50個小時。

所以每次等他晚上回到家時，都已經累到沒什麼食慾，坐在沙發上睡著了，直到媽媽叫他去床上睡。

後來他的時薪升到十分錢，於是他學習母親的榜樣，開始捐出自己收入的十分之一，並依照她的建議，另外將五十分錢存起來，然後他會拿三塊錢給母親採購日常用品，最後，剩下一塊錢用來買衣服和其他物品。他還記得，當木材公司開始從他每筆薪資中扣除五分錢，用來繳交政府的社會保險費用時，

他有多不情願。

戴斯蒙的媽媽喜歡用各種方法鼓勵孩子。她有一種鼓勵戴斯蒙的特別方法：每當有親戚朋友來訪時，媽媽會讓他們注意到戴斯蒙的新行頭，並告訴他們，戴斯蒙現在的衣服或鞋子都是自己買的了——但對於她幫忙付款的事則隻字不提。

★ ★ ★ ★ ★
榜樣

戴斯蒙接著想到另一件事，這件事提醒他要特別注意自己的言行。

有一天在去艾拉阿姨家幫忙除草的路上，當戴斯蒙走到接近橫跨街道的一座橋邊時，看到橋上有一個人。他知道那人是個酒鬼，就想起母親曾跟他說：「要提防愛喝酒的人，不要相信他們。」

「老兄，你有火柴嗎？我需要點菸。」那人看到他，便跑到他面前說。

「抱歉！我沒有火柴，我不抽菸。」戴斯蒙答道。

「我知道你不抽菸。」那人說。

戴斯蒙向他表示自己現在要去阿姨家幫忙，沒有空與他

講話。出乎戴斯蒙意料之外的，對方說：「我知道她住哪裡，我也知道你是復臨教會的教友、你的教會在哪裡、你在哪裡工作，還知道你不碰槍。」

那個人對戴斯蒙的瞭解似乎超出戴斯蒙對自己瞭解的程度。他不禁想到，要是連一個素未謀面，終日爛醉的酒鬼都清楚他的日常作息，那麼，不知道有多少人正看著他的一言一行？身為復臨信徒，他真的要注意自己的所作所為，不要成為別人認識基督信仰的絆腳石。

★ ★ ★ ★ ★

這艘大運兵船已經駛離夏威夷好幾天了。「它應該很快就會抵達目的地了吧！」戴斯蒙想著。他不確定自己是慶幸終於可以脫離隨浪顛簸的日子，還是寧願這樣一直待在船上？

戰爭，是什麼樣子呢？

當晚禱告時，他祈求上帝在戰場上與他同行，保守他平安。「也請您與爸媽及桃樂絲同在！」他以此結束禱告。

The United States Army
MEDAL OF HONOR
THE NATIONS HIGHEST MEDAL FOR VALOR

第 5 章
回憶〈五〉

船已經離開夏威夷好幾天了。戴斯蒙知道，基於安全考量，船有時會迂迴前進。他們也隨時注意是否有日軍的船隻、潛艇、或飛機在附近出現。

有一次，戴斯蒙待在甲板下方的船艙時，聽到船下方傳來像是東西被撕裂的巨大聲響，不知道發生了什麼事，於是他上到甲板去問。

「你沒看見嗎？」其他兵士回答，「有枚魚雷朝著我們的船衝過來，但就在快碰到船的時候突然轉向，往船的底部衝過去。」戴斯蒙覺得應該是天使把魚雷從船身導離，但它真的靠太近了，仍擦過了船底。他禱告感謝上帝的保護。

那晚，他在甲板上的小天地坐了下來。太平洋上的怡人天氣，使他再次沈浸在美好的回憶中。

★★★★★

吃素

戴斯蒙的祖母養了幾隻馬爾他貓，她覺得馬爾他貓是全世界最優良的品種，然而附近的公貓常常會跑來串門子，於是一隻隻混血小貓誕生了。

每當戴斯蒙的爸爸從隔壁看到有公貓靠近時，就會從窗戶

開槍射殺牠們。祖母擔心他會不小心打中她的貓，然而這些公貓似乎有種趨吉避凶的本能，只要窗戶一推開，牠們就會自動跑到屋子的下方。

「戴斯蒙！」有天祖母對他說，「這裡有七隻混血小貓，你幫我把牠們帶到河邊淹死，我付你一隻一分錢。」

於是戴斯蒙拎著一紙袋的小貓走到河邊，將整個袋子倒進河裡。他看著小貓們在河裡載浮載沈，等到他後悔想要救牠們時，為時已晚，他非常難過，不記得後來有沒有拿了那七分錢，但從那天以後，不論祖母給他多少錢，他再也不願淹死任何一隻小貓了。

想到動物，他想起當初為何決定吃素。除了貓，祖母也有養雞，有時她會到養雞的院子抓住其中一隻，把牠的脖子扭斷，然後洗乾淨拿去煮，為晚餐加菜。戴斯蒙很喜歡吃雞肉，直到有一天……

「戴斯蒙，你去殺隻雞吧！作為我們的晚餐。」祖母說。

「奶奶，我嗎？可是我不想殺死雞耶……」戴斯蒙的聲音微微的顫抖著。

「你不是愛吃雞肉嗎？你既然敢吃，就應該敢殺呀！」他想到只為了滿足他的口腹之慾，那些可憐的雞在脖子被扭斷

後，是怎麼痛苦的掙扎抽搐著。

「奶奶，那我以後都不吃雞肉了！」他真的說到做到。

事隔不久，戴斯蒙結識了一位在林奇堡市「甘迺迪屠宰場」工作的年輕人。「李諾，我很希望有一天能有機會去看看你工作的屠宰場。」戴斯蒙好奇地說。

「好，來呀！要不要就約明天下午？明天下午我不上班，我可以帶你參觀我們工廠。」李諾提出邀請，於是戴斯蒙依約前往參觀。

後來講起這件事，戴斯蒙說當時真是被他所見的景象嚇壞了。有些牛隻瘦得像皮包骨，看起來病懨懨，有隻牛甚至斷了一條腿，但仍躲不過跟著其他同類被趕去屠宰的命運，而豬隻的待遇就更悲慘了，他為這些可憐的動物感到非常難過。

「不管牠們是否健康，我們都會把肉從骨頭上割下來——啊！對了，要是牠們身上有瘡，要先把瘡切掉，然後再把這些肉割下來絞碎，做成漢堡肉。」李諾解釋道。

戴斯蒙其實是愛吃漢堡的，他想到母親會做肉餅，在上面淋上肉醬汁——噢，那可真是美味好吃！但那次參觀屠宰場的經驗使他對漢堡盡失胃口，從此他決定改吃素。

★ ★ ★ ★ ★

海上的天使

戴斯蒙想起另一次蒙上帝保護的經歷。

「我的球！戴斯蒙叔叔，你有看到我的球嗎？可以幫我撿回來嗎？」五歲的羅尼用懇求的眼光看著戴斯蒙。

那天羅尼和戴斯蒙一家到大西洋海邊玩，當時羅尼在岸邊玩著他紅黃白相間的新海灘球，一不小心，球被海水捲走了。

那時十八歲的戴斯蒙儘管不是游泳健將，但至少他還會游泳，而球也沒有漂得太遠。於是他跳入海邊，往那顆大球游去，但儘管他奮力挺進，他的手就是搆不著那顆惱人的球，搞了半天，還是沒多大進展。

後來他決定休息一下，只打水以保持在水面上漂浮。之後他環顧四周，嚇了一大跳──沒想到自己已經離岸邊那麼遠了！他突然想到原因了──現在正是退潮的時間，所以他才永遠離球只差那麼一點點，卻一下子就離岸邊那麼遠。

「現在該怎麼辦？」他喃喃自語。逆著潮水往回頭游是不可能的，何況他已漸漸體力不支！唯一的希望是抓住那顆球，當作救命的浮板，但問題是──他就是搆不到球！

儘管戴斯蒙遇到事情總是習慣向上帝禱告，但他以前還真

的沒碰過這麼大的麻煩。「上帝，救我！」他禱告著。

他再次環顧四周，那顆球比先前又離他遠了點，不過，他發現前方不遠處出現了一個先前沒看到的東西———一艘船。

那只是一艘有著馬達動力的小船，上面有兩個人，他們似乎正在收網，準備前往更遠的外海去試試運氣。當時的浪不高，但有時仍會擋住他的視線，使他無法看到那艘船，因此那兩個人即使是在面對他的方向，也未必能看到他。

「上帝，求祢讓他們看到我。」他祈求。

「救命啊！」他呼喊著，然而馬達的聲音蓋過了他的求救聲，那兩人完全沒注意到他，但就在船正準備駛離的時候，他們看到了那顆球並把船開向它，然後把球從海裡撿起來。

「嘿！你看，那裡有一個人！」其中一人說。很快地，船就開到了戴斯蒙旁邊。「來，我把你拉上來。幸好我們看到你，你需要幫助。」戴斯蒙當然求之不得；他知道是上帝讓他們看到他的。

回程中三人並無太多交談，因為引擎太吵了，很快地他們就回到離岸不遠的地方。

「若從這邊走回去的話，你沒問題吧？」其中一人問。

「沒問題的！真是非常謝謝你們！」戴斯蒙邊說邊拿起他

的球，跨越船身，踩過淺水，走上陸地。他想回頭跟兩人揮手表達謝意，卻發現那兩個人都不見了，船也不見了！水面平靜無波。

那兩個人是上帝回應他的禱告，差遣天使來救他的嗎？戴斯蒙每次回想此事，都覺得他們一定是上帝派來的天使。

★ ★ ★ ★ ★

造船廠

戴斯蒙想回憶的往事依稀猶存，但可以回憶的時間逐漸不多了。儘管他仍不知道運兵船的地理位置是在哪裡，但他猜想他們的船應該快要在某處靠岸了。

記得在林奇堡市的木材公司工作一年後，他到市政府工作了一陣子。他記得某天特別冷，他和同事們生了火堆，但沒多大用處，因為實在是太冷了。當時戴斯蒙他們正在挖一個溝渠，他的十字鎬不小心滑落到結冰的溝渠裡，打中自己的腳。他直到回家才發現，十字鎬竟穿透了鞋子，並刺進他的腳。因為天氣太冷，腳冷到麻木了，被刺中也不覺得痛，也因為溫度很低，甚至腳都沒流血！

他從軍前的最後一個工作是在維吉尼亞州紐波特紐斯

紐波特紐斯(造船廠)1942年入伍以前

林奇堡市 ←

（Newport News）的造船廠。二戰爆發前，這家造船廠就已經在打造軍船，或把普通船艦改造成戰艦，隨時準備提供軍方使用。**（該造船公司在第二次世界大戰前後為美國打造了9艘航空母艦。）**

這些待改造的船艦中有一些原先是豪華客輪，戴斯蒙還記得，它們華麗的內部擺設**（地毯、房間裝潢等）**都必須整個移除或打掉，只剩下光禿禿的地板和廂房，以便騰出空間容納士兵們的帆布床，讓每個人可以分配到一塊狹小的空間。

他想起自己在造船廠工作時，曾經處理過幾艘著名的船艦。他曾改裝過美國最大的豪華客輪「美利堅號」（America）兩次；第一次他們把豪華的裝潢全數拆除，結果兩個月後這艘

船又送回來進行另一次改造。這次他們把整個甲板區打掉，為
的是要設置更多的舖位，以容納更多士兵。

　　有幾次他恰巧看到「大黃蜂號」（US Hornet）被改造成航
空母鑑的過程。那時戴斯蒙住在哈利‧葛瑞長老的家，葛瑞長
老有兩個兒子是大黃蜂號上的電氣技師。當時戴斯蒙自己是在
改裝的是「印地安納號」上，但他每天去「印地安納號」場區
的路上，都會經過「大黃蜂號」的改造區。

　　「我想看看你在處理的那艘大船。」有天他跟吉姆‧葛瑞
說。

　　「來呀！我可以帶你去參觀。」吉姆邀請地說。

　　然而戴斯蒙覺得在上班時間去參觀別的船，好像不太適
合，因此他沒去，但後來卻有點後悔。

　　那時看到大黃蜂號在進行改造時，他並不知道這艘船將來
會被用來載運1943年東京大轟炸的戰鬥機。執行轟炸任務的
是由吉米‧杜立德（Jimmy Dolittle）所率領的一隊勇士。後來杜
立德因為在那次的行動領導有方、勇敢無畏而獲頒國會榮譽勳
章；因為「杜立德」和「杜斯」的姓氏都是字母D，所以戴斯
蒙後來在出席一些軍方活動時，常有機會跟杜立德坐在一起。

★ ★ ★ ★ ★

※ 時至1944年夏天，戴斯蒙已入伍約兩年半，快要面臨他人生第一次的海
　 外戰役。本書接下來的章節將開始述說他在美軍服役的經歷。

Courtesy of the Desmond Doss Council

入伍前的戴斯蒙

Courtesy of the Desmond Doss Council

剛入伍時的戴斯蒙

The United States Army

MEDAL OF HONOR
THE NATIONS HIGHEST MEDAL FOR VALOR

第 6 章

戰事爆發

「戴斯蒙，你這週末有空陪我去紐約一趟嗎？」友人羅伯特・泰勒問道。

「嗯，可以呀！有什麼事嗎？」戴斯蒙好奇地問。

「我很久沒去看我爸媽了，可是我的車子太老舊，我怕它無法開那麼遠。你的車很好，要是你肯載我一程，我願意付你油錢並分擔一些其他費用。你看怎麼樣？」泰勒建議說。

「好啊！那我們何時出發？」戴斯蒙問。

「星期五去，星期天回來。」羅伯特說。

那時美國政府正在徵召年輕男性入伍服役一年，羅伯特是其中之一，他只剩一個月就將服役期滿。

由於下班後才能出發，所以他們等到準備前往紐約的480公里旅程時，已是接近傍晚了。途中有個地方的道路是雙線道，但因為那時天色昏暗，光線不清，戴斯蒙根本看不清楚前方的路況。

「嘿！」他對羅伯特說，「前方有輛小型巴士，我們可以跟著它走。」那輛小巴士的車燈很亮，但也開得很快，戴斯蒙勉強跟上了，但等到週日回程行經這同一條路時，才發現那條路其實是一條狹窄的山路，路肩更是窄到只有一點點空間。他感謝上帝保守，沒讓他們從山崖上摔下去，否則他們肯定沒命。

　　稍早，戴斯蒙和羅伯特準備要向羅伯特的雙親告辭。「爸，媽，謝謝你們。這兩天過得真的太棒了！」羅伯特邊說邊把東西打包上車。「媽媽煮的菜真好吃啊！」他補充了一句。

　　「嗯，真的是很開心見到您們，」戴斯蒙附和，「謝謝伯父伯母的招待。」

　　很快的，他們的車子開上了高速公路。儘管是寒冷的十二月，但車內溫暖舒適。突然，收音機裡的音樂停了。靜默片刻後，收音機傳來一個令人驚訝的廣播：「日本轟炸夏威夷珍珠港，美國決定參戰！任何現在不在所屬營區的軍職人員，請速回營報到！重申一次：美國已正式向日本宣戰！」（**日軍於12月7日突襲珍珠港，重創美國海軍和空軍；這次的軍事攻擊對第二次世界大戰的結果有著重大影響。**）

　　羅伯特和戴斯蒙對望著，兩人臉上盡是不可置信的神色。過了好一會，他們才開始明白這段廣播意味了什麼。

　　「我本來以為一個月後就可以退伍的計畫，這下子大概要泡湯了……」羅伯特的聲音顫抖著，「可能在戰爭結束前我都無法離開軍營了！不知這場戰爭要打多久？」

　　「誰知道？我可能也快要去從軍了。」戴斯蒙說。

　　戴斯蒙當時尚未被徵召入伍，一方面是因為他抽到的號碼

排在很後面（**美國徵兵制度中，包括用抽籤來決定誰要被優先徵召的方式。抽中的數字越大，入伍排序就越後面**），另一方面也是因為他在造船廠工作，造船業在美國政府的國防政策中被視作國防的後備基礎產業。

那是1941年12月7日的下午，兩個大男孩開著車，但他們的腦海裡想的卻是茫茫不可知的未來。

回程途中，他們遇到三次警察臨檢；因為羅伯特身著軍裝，警察想知道兩人要去哪裡。羅伯特向他們解釋兩人剛從紐約回來，準備要回營區報到，警察就揮手讓他們離開。

戴斯蒙邊開車邊回想起，就在前陣子他依照滿十八歲男性必須向徵兵委員會報到的規定，而前去該處報到的事。當時他是由教會裡的伍德長老陪同前往，他們先在大廳等待，然後一位委員會的官員叫他們進去。

房間裡有四到五位委員會官員坐著，他們先問了戴斯蒙的姓名和地址，接著要決定他的役別。

「我希望能登記為非戰鬥人員。」戴斯蒙直接地表示。

「孩子，軍中的編制沒有這一項。」一位官員答道。

「長官，向您報告！」戴斯蒙說（**他還記得要稱對方為「長官」**），「我是基督復臨安息日會的教友；星期六是安息日，我

們不能從事平常的工作，但可以照顧受傷或生病的人，因為耶穌自己也是這樣做的。」

「那跟成為非戰鬥人員有什麼關係？」另一位官員問。

「嗯，因為我們遵守十誡中的每一條，十誡中有一條是『不可殺人』，因此我們不認同拿槍殺敵的行為。」戴斯蒙肯定地答道。在一旁聆聽的伍德長老點點頭，對他的答覆表示滿意和嘉許。

「要是世上每個人都有跟你一樣的想法，那仗還要打嗎！」官員一臉不解地問。

「要是他們也能這樣想，就不會有戰爭了！」戴斯蒙回答。「長官，去打仗的人難免會受傷，我希望有機會可以照料他們。」

「好吧！戴斯蒙，那你的役別得登記為『因良知而拒服兵役』（conscientious objector）。」另一位長官提議。

「但是，長官，我不是『因良知而拒服兵役』！」戴斯蒙腦海裡浮現他對「因良知而拒服兵役者」的印象：那些人和政府抗爭，不向國旗敬禮，不穿軍服——總之，只要與戰爭有關的事他們都一律劃清界線。戴斯蒙不希望被視為與他們是同類。

「哎呀，孩子啊！要是你以1A的身分入伍，卻又要守安息日、不拿槍，我敢說你不久就會遭到軍法審判的；但若是你有1AO的身分（O代表「良知」），那軍方就不能以軍法審判你，他們也無法拿你怎麼樣。所以你看，選擇1AO對你最有利的辦法。」那位官員耐心地解釋。

「登記為『因良知而拒服兵役』，不代表你不為國家服務；它只代表你雖同意入伍，但因宗教因素而不參與某些活動。」他又補充道。

戴斯蒙看著伍德長老，伍德長老也看著他。「戴斯蒙，我覺得你是不是就照著這位長官所建議的，以1AO的身分入伍？除此以外，你好像也沒什麼其他的選擇了。」伍德長老想了一下據實地說。

戴斯蒙一想起先前與徵兵委員會長官之間的對話，便相信自己很快就會被徵召入伍。到那時候將會是怎樣的狀況呢？

他猜對了！很快的！就在4月1日，軍方的「問候」通知函就出現在他家信箱裡──戴斯蒙被徵召加入美國陸軍；這不是愚人節的玩笑。

The United States Army
MEDAL OF HONOR
THE NATIONS HIGHEST MEDAL FOR VALOR

第 7 章

桃樂絲

時間回溯到1920年。佛萊德・舒特和太太艾希當時住在柯羅拉多州。佛萊德在一次世界大戰時曾受毒氣所傷，終生殘廢。艾希懷了兩人第一個孩子，滿心期待。

但她在懷孕期時，身體不是很舒服，於是佛萊德請了一位住在附近的婦人來幫忙一些煮飯打掃之類的家務事。貝蒂（**我們姑且這樣稱呼她**）是基督復臨安息日會的教友，喜歡讀《聖經》，而且只要有機會就會跟人談起《聖經》。她到艾希家幫忙後沒多久，就常自然而然地跟艾希講起一些艾希從未聽過的《聖經》道理。貝蒂仔細地解釋安息日的意義、人死後會發生什麼事，及耶穌乘雲再來等內容。

「雖然我從未聽聞這些事，但它們聽起來很合理。」艾希有天跟貝蒂說。之後，她自己開始研讀貝蒂給她的《聖經》。

「我真的覺得這些是符合《聖經》所記載的真理，」有天艾希跟她的朋友貝蒂說（**兩人一起研讀《聖經》後，已成為好友**），「我真的很希望能加入你們教會，但沒辦法，我丈夫是天主教徒，他要我跟他一起去天主教教堂。」

「艾希，好可惜，」貝蒂表示，「不過我跟妳說，妳繼續讀《聖經》，我保證有一天事情會成功的。」

不久，舒特夫婦兩人決定搬到維吉尼亞州的里奇蒙，因為

他們大部分的親人都住在那邊。但車開到半途，不得不在費城停下他們的旅程，因為他們的長女在途中出生了。他們給她取名為桃樂絲・寶琳（Dorothy Pauline）。

多年之後，桃樂絲告訴戴斯蒙，她家不是個幸福的家庭。其中一個原因是，佛萊德不滿太太想要參加一個他從小到大都沒接觸過的教會——儘管他自己也不常上教堂，他甚至不准太太讀她那已視作珍寶的《聖經》。

「我不想看到妳一天到晚抱著那本老書不放。」有天他憤怒的說，說著說著就把《聖經》從她手中搶下來，扔進廚房的火爐中。

這件事發生在桃樂絲出生後好些年，這時她的六個弟妹也陸續出生，而她的父親染上酒癮，成了個酒鬼。酒精讓他兇性大發，曾多次在酒後對太太及孩子動粗。

他常從附近的商店買酒和朋友一起買醉，回家後就開始打小孩。桃樂絲有次哭著向爸爸抗議：「爸爸，你為什麼打我？我又沒有做錯什麼事！」

「妳之前有幾次做錯事，該打卻沒被我打到。」他冷漠的說。

她父親似乎特別喜歡對最大的兩個孩子發怒，因此桃樂絲

和湯瑪斯只要看到爸爸回家,就會躲起來。桃樂絲15歲那年,父親過世,原因可能是他健康情況不佳又酗酒的關係。桃樂絲後來說,這件事對他們家來說,簡直就像是由地獄進到天堂。父親死後,媽媽開始在每個安息日上教會,不久她和幾位弟妹都受洗成為教友,舒特媽媽也開始安排讓孩子們進入教堂後面的教會學校就讀。

但已唸完八年級的桃樂絲,打算申請仙納度谷學院(Shenandoah Valley Academy),這是一間寄宿高中,於是她找母親商量。

「媽,我真的很希望去那裡就讀;我對《聖經》的了解會進步很多,跟其他女生一起住宿舍應該也很好玩。」桃樂絲說。

「可是桃樂絲,我們付得起嗎?學費不便宜。」母親指出她的擔心之處。

「媽,我可以打工。那裡學生打工的機會很多,我可以在廚房裡幫忙準備餐點或洗碗——這些事我是老手了——或是在洗衣房工作、除草等等,我也可以在辦公室裡幫忙,要是我的能力夠的話。那裡有一些其他產業,提供學生打工賺取學費的機會。我會盡可能把握每一個打工的機會,這樣我就可以自己負擔大部分的學費。」

　　「好吧！桃樂絲，那妳就去了解一下這所學校。妳可以寫信給學校，進一步詢問那裡的狀況，請他們提供入學申請的表格。」母親建議道。於是桃樂絲順利進入仙納度谷學院就讀，她很快就愛上了那裡的校園生活。

　　仙納度谷學院的學生要賺外快付學費還有另一個管道，就是在暑假時銷售宗教書籍及雜誌。有天桃樂絲跟室友聊天：「瑪莉，我們為什麼不在今年暑假去賣雜誌？這樣明年的學費就有著落了。」桃樂絲建議。

　　「好啊，贊成！如果妳要去賣的話，我就跟妳一起去。搞不好我們可以賺足明年一整年的學費呢！」瑪莉興奮地回應著。

　　兩個女生或許覺得沒必要那麼拼命打工，但要成就任何偉大的事，不都是要先敢作夢嗎？於是，在管理學生打工事務的負責人之支持與協助下，她們開始計畫起挨家挨戶賣雜誌的事，她們被指定的銷售地點為維吉尼亞州的林奇堡市。戴斯蒙就是在林奇堡市的教會遇到桃樂絲的。

　　當時戴斯蒙在市政府工作，住在家裡。他們家的習慣是這樣：星期五下午誰最先到家，誰就負責準備安息日的晚餐。當時姐姐奧黛莉已結婚搬離家了，而哈洛德對煮飯沒興趣，因此掌廚的任務主要是由戴斯蒙和母親負責。

　　某個星期五下午戴斯蒙先到家，於是他開始準備晚餐。晚餐照例有一鍋白腰豆，於是他把豆子倒進一個很大的平底鍋，以水淹過豆子，然後放到爐子上去煮，他又切了些蔬菜，做了一鍋美味的燉蔬菜，豆子和蔬菜擺在餐桌上色香味俱全，他對這頓安息日晚餐感到很滿意。

　　「媽，明天晚上我們請桃樂絲和瑪莉──就是今年夏天在林奇堡市賣雜誌的那兩位女生，來我們家吃飯，好不好？大家應該會很開心。」當晚戴斯蒙問道。「當然好啊！戴斯蒙。」好客的杜斯太太笑著同意了。

　　第二天戴斯蒙在教會看到她們兩人，就問：「桃樂絲，妳和瑪莉今天晚上要不要來我家吃飯？」

　　兩個女孩互看一眼，然後異口同聲的說：「好啊！」戴斯蒙不知道，其實她們的雜誌銷售成績不佳，過著有一頓沒一頓的日子，兩個人都餓壞了！她們甚至有一天連一本都沒賣出去，完全沒錢買食物。

　　結果有個人掏出了十美分向她們買了一本雜誌──因為她們告訴他：她們好餓！她們用這10分錢買了一條隔夜土司以及一百多公克的奶油，當場吃光光！因此，那天她們聽到戴斯蒙的邀約時，簡直求之不得。

　　兩個女孩抵達時，戴斯蒙把媽媽拉到一邊悄悄說：「媽，幫我招呼一下她們，我晚餐還要再煮一下。」

　　「沒問題，戴斯蒙，我樂意配合。」媽媽微笑著說。

　　於是戴斯蒙把豆子和蔬菜燉鍋放在爐子上，把火開到最大，好讓它能快點熟，然後他拿出一些餅乾，切了幾片麵包，以及其他幾樣準備上桌的食物。

　　「咦，什麼味道？天哪，是豆子！」戴斯蒙連忙把豆子從爐火移開，但豆子已經燒乾了，而且冒出一股焦味。於是他把大部分的豆子倒進另一個鍋裡，只留下焦掉的豆留在原鍋，然後他加了一點水，再把鍋子放回火爐上，但這次開小火。他把焦掉的豆子舀到另一個碗裡，留著等下自己吃。

　　正當他以為事情已經搞定時，焦味又撲鼻而來。這次是輪到……燉菜！他匆忙把鍋子移開，把剛剛的動作重複一遍。現在已經來不及再準備其他菜，而且杜斯家向來是不浪費食物的。他嘗了一口燉菜，覺得雖然有點燒焦，但還不致於難以下嚥，於是招呼大家開飯。

　　事隔多年，戴斯蒙跟桃樂絲講到那頓晚餐，還有燒焦豆子以及燉鍋的事，兩人都笑翻了。桃樂絲說：「我們餓得頭昏眼花，根本沒吃出豆子有焦味。」

後來，桃樂絲和瑪莉返回她們所愛的仙納度谷學院就讀，
而戴斯蒙也有他的事要忙。三、四年就這樣過去，這時戴斯蒙
來到了紐波特紐斯的造船廠工作。

有天在教會裡，戴斯蒙碰到了海德布蘭敦太太，戴斯蒙知
道當年女學生們銷售雜誌的事是由她負責。

「海德布蘭敦太太，請問您知不知道桃樂絲・舒特現在在
哪裡？我很久沒跟她聯絡了，不知道她後來去了哪裡。」戴斯
蒙打聽地問道。

「我當然知道啊！戴斯蒙。」她說，「桃樂絲從仙納度谷
學院畢業後，去了華盛頓傳道學院，學校位於華盛頓特區郊區
的塔科馬帕克。基督復臨安息日會的全球總會、評閱宣報出版
社以及華盛頓療養院也都座落在那個地區。」

對戴斯蒙來說，這就夠了。一個禮拜後他就跑到了華盛頓特區，希望能見到桃樂絲。該區有三間復臨教會，銀泉市的大教會、醫院附設教會，以及華盛頓傳道學院校園內的教會。他覺得桃樂絲可能會去學校的教會聚會，於是就去了那裡。

他在教會門口站了一陣子，試著找到桃樂絲跟同學一起走進來，但她沒出現。不過戴斯蒙仍悄悄走進去坐下，和其他會眾一同聚會——心想也許待會兒就能看到她。他在後排一坐定，立即發現桃樂絲就坐在他的前排位子上。

他拍拍她的肩膀。桃樂絲回過頭來，一臉驚訝，他想低聲跟她說幾句話，但她知道這裡的規矩，向他示意：「噓，我們等一下再講。」

那天戴斯蒙聽進了多少講道內容，真令人懷疑，不過聚會結束後，他真的有機會跟桃樂絲講話了。

「真高興見到妳，桃樂絲。我們上次見面已經是好久以前的事了，我記得好像是在林奇堡市吧！」

「我也很高興見到你！戴斯蒙。對，是在林奇堡市，感覺是好久以前的事了。」桃樂絲回應道。

「我們晚上一起吃個飯好嗎？」戴斯蒙好不容易找到桃樂絲，不想輕易又讓她離開。

「米勒家──我們教會這邊有幾位姓米勒的──邀我一起吃晚飯，所以可能不行喔……」她越說越小聲。這時，米勒家的人來到兩人身邊，要接她回家共進晚餐。

戴斯蒙把握機會，趕緊向他們表明來意：「我今天是特地來找桃樂絲的，她不知道我要來，不過我想要帶她去吃晚餐。」

「噢，當然沒問題啊！桃樂絲，你們就去吧，妳可以改天再來我們家。」於是米勒家的人上了車，留下戴斯蒙和桃樂絲兩個人。

「嗯，桃樂絲，妳對這裡比我熟。妳有推薦的餐廳嗎？」

「有兩個地方不錯，一個是學校的自助餐，另一個是醫院的附設餐廳。」桃樂絲回答。

「妳想去哪邊？」戴斯蒙問。

「我比較常去學校的自助餐廳。」她說。

桃樂絲想到，學校規定男女學生如果是男女朋友的關係，不可以在自助餐廳一起吃飯（**這以現代的眼光來看，真是相當落伍**）；她只希望認識的人如果看到了，會以為戴斯蒙是他的表哥或堂哥之類。不過說到底，她告訴自己，戴斯蒙反正也不是她的男朋友，他們只是認識，彼此好久沒聯絡了。

於是戴斯蒙和桃樂絲就在學校自助餐廳共進晚餐，飯後，

他們發現了一處兩人可以聊天的地方。

「桃樂絲，妳在學校有修哪些課？」戴斯蒙問。

「我現在正在修基礎護理，希望明年可以修正式護理課程。你呢？你在做什麼？」她問。

「我在維吉尼亞州紐波特紐斯的造船廠工作。我的工作類似木匠，不過我們主要是修理大船的內部，因此即使兩天也能工作。」戴斯蒙答道。

兩人熱絡地交換近況，度過一個快樂的午後。戴斯蒙知道他得走了，待會還要開約320公里的車回去。「我可以再來看你嗎？」戴斯蒙注視著桃樂絲的臉。

「好啊，如果你願意的話。我今天很開心呢！」她微笑回答。從那天起，戴斯蒙就開始了一個週末去探視林奇堡市的雙親，另一個週末去華盛頓傳道學院看桃樂絲的固定行程——他發現自己比較喜歡後者的週末時光。

隨著戴斯蒙和桃樂絲的友情日漸增長，兩人開始和另一對情侶同時約會。「這次要不要換你來開我的車，桃樂絲和我坐後面？」戴斯蒙向朋友建議。

「對我來說並沒什麼差別，我應該還不至於把你的老車搞壞。」朋友開玩笑地說。

　　戴斯蒙真的沒有預謀，但現在桃樂絲就坐在他身旁，而且這麼近！他彎身過去，親了她臉頰一下，接下來發生的事完全出乎他意料之外——桃樂絲轉過身，差點沒打了他一巴掌！

　　「戴斯蒙，不要！你親我是什麼意思？這是我第一次被男生親吻，可是我沒說要讓你親，你沒經過我的允許就親我！」戴斯蒙看得出她是真的很生氣。

　　「我怕——要是我問妳，」他溫柔的說，「妳就不讓我親了。可是桃樂絲，我親妳是因為我真的很喜歡妳，如果不是很喜歡妳，我怎麼會一個禮拜來回開640公里的車來看妳？」

　　「我想也是。」桃樂絲答道，臉上浮現驚喜快樂的光芒。從那時起，兩人之間感情持續升溫，戴斯蒙和桃樂絲只要有機會，就盡量找時間相聚。

　　1941年12月7日那天晚上戴斯蒙和羅伯・泰勒從紐約開車返回紐波特紐斯時，很自然地他想中途在桃樂絲那邊停留一下，告訴她有關戰事爆發的事。

　　於是，泰勒就先下車在附近晃晃，而戴斯蒙去桃樂絲大學時打工換取食宿的住家找她。那時她正要預習明天的進度，雇主到她的房門口說有訪客，卻故意不說是戴斯蒙，桃樂絲心裡納悶會是誰來找她，因為她知道戴斯蒙這個禮拜不會來。因此

當她看見是戴斯蒙時，開心得尖叫出來，但她立即察覺到戴斯蒙是懷著嚴肅的心情要來告訴她某件事。

「桃樂絲，妳知道發生大事了嗎？」戴斯蒙不安地問。

「什麼大事？」她回答，眼神登時浮現恐懼。

「日本轟炸了珍珠港，美國已向日本宣戰！」他解釋道。

「我還不知道這個消息。戴斯蒙，這是不是代表你得去打仗了？」她又問。

「我想是的！」戴斯蒙說，「我一定是在被徵召的名單中。」他們又講了幾分鐘的話，然後戴斯蒙知道他得走了，返家的路途還有一段很長的車程，他擁著桃樂絲，與她吻別——這次她沒有抗議了。

The United States Army
MEDAL OF HONOR
THE NATIONS HIGHEST MEDAL FOR VALOR

第 8 章

你現在是軍人了

戴斯蒙知道他很快就會受徵召入伍，但在等待入伍令的同時，他仍繼續在造船廠工作。「戴斯蒙，你大概知道你什麼時候會入伍嗎？」有天造船廠的老闆問他。

「我不知道確切的時間，」戴斯蒙回答，「但應該很快了，因為快輪到我的入伍號碼了。」

「我跟你說，你是在國防工業工作，我們可以想辦法以此為由，為你申請緩徵，」老闆建議，「我覺得你可以試試看。我們很多員工都被徵召，工廠人力都不夠了。」

「嗯，謝謝你的提議，但我覺得我不該申請緩徵。我很健康，不像有些人要擔心身體方面的問題，而且我也不覺得我比那些和我同樣領月薪21元的人優秀，認為造船廠少了我就不行。謝謝你的好意，但我覺得我還是應該服役。」戴斯蒙答道。

「那就隨你的便了，我只是覺得應該建議你一下。」老闆說完就去忙別的事了。入伍的事已既定，戴斯蒙覺得，另一件事也該下個決定了。

他再次來到華盛頓特區，和桃樂絲兩人共度了一個美麗的安息日。星期天下午，桃樂絲忙完雇主家的事後，戴斯蒙趁著返回家前的空檔載她去公園走走。

「他們有再通知你關於入伍的時間嗎？」桃樂絲問。

「現在都還不確定，」戴斯蒙說，「我有跟你說過造船廠老闆想為我申請緩徵的事吧？」

「有的，我很讚賞你的態度——儘管不入伍對你來說，可以避免很多麻煩事。」桃樂絲說。

戴斯蒙把車停在一條美麗小溪旁，他們曾在此度過許多快樂時光。他挨近桃樂絲，用手臂環繞她的肩膀，將她摟得緊緊地說：「桃樂絲，我很愛妳，希望妳能成為我的妻子。妳願意嗎？」

「我也愛你，戴斯蒙。這世上我最渴望的事，就是成為你的妻子。」桃樂絲欣然接受。兩人情話綿綿，桃樂絲也不再抗拒她所愛的男人的吻。然而，這是戰爭時期，即使想結婚的情侶在計畫他們未來時，也不得不把戰爭這個因素考慮進去。

「戴斯蒙，有些問題我們必須要面對！」當他們兩個討論全局時，桃樂絲說：「首先是我九月希望去上護理學院，但他們不會接受我的已婚身分。我的意思是說，他們當然不可能阻止我結婚，但我如果結婚了，他們就不會讓我入學，因為他們認為學生最好是單身，而我真的很想成為一名護士。」

「親愛的，我知道這是妳的夢想，一定會成全妳。除了這個以外，還有另一個問題，那就是：我入伍後，若被派駐海

外，妳就得一個人生活。要是那時我們有了孩子怎麼辦？」戴斯蒙問。

「我也一直在想這件事，戴斯蒙。我如果有了孩子，會希望當全職媽媽，但是當我們有了孩子而你被派到海外，留下我一個人時，我就得工作。」她的聲音哽咽了，「更糟糕的情況是，要是我們有了孩子，而你卻沒有回來，我怎能一個人撫養孩子？」

他們越討論就越發現到，他們如果彼此相愛，希望共組家庭，最好等戰爭結束後再結婚。他們知道很多其他情侶也會做出同樣的決定，這是戰爭很現實的一面。

★ ★ ★ ★ ★
新兵報到

1942年4月1號，美軍軍區正在辦理新兵報到。「叫什麼名字？」報到處的軍官問道。

「杜斯！戴斯蒙·杜斯！」新兵大聲答道。

「你是林奇堡市本地人？」軍官邊查看戴斯蒙的資料邊問。

「是的，長官。」戴斯蒙說。

「好，杜斯。到那群人那裡集合，你們等下要前往李營區

戴斯蒙於美國本土軍旅遷徙地圖

（Camp Lee）。」

　　沒多久，新兵們就搭上了前往李營區的火車。戴斯蒙發現他們大部分看起來都是十七、八歲的大孩子（**戴斯蒙此時是23歲**），每個人看起來都很緊張。戴斯蒙覺得，他要考慮的事情大概比其他人要多一點。今天正好是星期五，明天安息日會是怎樣的情形？

　　他往後靠，想放鬆一下，卻聞到一股難聞的菸味，伴隨著威士忌和啤酒的味道撲鼻而來。這些被徵召來的人到了李營區才會正式宣示入伍，在這之前都還不具士兵身分，因此正把握最後狂歡的機會。運兵列車上幾乎每個人都在抽菸喝酒，而且有一些人抽的還是粗黑的大根雪茄，他們當中更有許多人醉到

站不穩。

等到火車終於抵達李營區，戴斯蒙感到頭痛欲裂，覺得自己好像也跟他們一樣抽了許多根菸。

「所有人下車，到那棟房子集合。」負責帶領他們的軍官下令。

戴斯蒙跳下火車，跟其他人一起排隊走到一個桌子前面，向一位士兵領取軍裝及其他配備。

「等我一下……你是杜斯吧？你的尺寸是多少？」戴斯蒙告訴他以後，士兵拿出了軍裝、軍用汗衫、鞋子、襪子、厚外套各兩套，以及一個裝這些衣物的帆布袋。

「把衣服換上，杜斯。」他說，「把換下的便服拿到那張桌子去，他們會幫你把它們寄回家，你在軍中用不到這些衣物。」當他按照吩咐換完裝後，戴斯蒙覺得自己好像變了一個人：過去的戴斯蒙去哪裡了？

領完制服後，新兵們依指示被分派到不同的營房，他們接下來幾天會在李營區度過，晚上就睡在這些營房。因為這裡只是個新兵訓練中心，裡面的新兵行動不受限制，於是戴斯蒙週五晚上跑到彼得斯堡的復臨教會參加聚會，他本來希望星期六還能再去，但後來事情的發展沒能如他所願。

安息日早晨，戴斯蒙被士官的吼叫聲吵醒：「好啦！大家起床刷牙洗臉，我們今天要開始幹活了。你們現在是軍人，不能再像以前的週末那樣睡上一整天。」

戴斯蒙和其他人隨著命令一同起床、穿衣、到大集會廳吃早飯。他不知道接下來一天會發生什麼事，但他心裡清楚有些事是他不能在安息日做的。

吃完早飯後，那位士官宣佈：「好，各位，我們等一下要進行環境衛生檢查，因此我們要把營區打掃乾淨——非常的乾淨。」他接著說：「地板要拖乾淨，所有櫥櫃上的灰要通通擦掉，裡面也要清理，床舖和棉被要折疊到沒有一點皺褶，營區外圍也要弄得乾乾淨淨；除了草以外，地面上所有東西都要撿起來。噢，對了，窗子兩面都要擦得亮晶晶。提醒你們，檢查的人是戴著白手套驗收，到時候如果還有任何地方沒擦乾淨——哪怕是在櫃子頂端——所有人就倒大楣了！拖把、洗拖把的桶子、打掃用具都在櫥櫃裡。有問題再來問我。好，上工！」

戴斯蒙趁機提出問題。「士官，長官，」他說，「我是基督復臨安息日會的教徒，今天是安息日，我不能在安息日從事這類的工作。」

「你說你是啥？基督復臨安息日會是什麼？為什麼你不能

幫忙打掃，媽寶？」士官鄙夷地說。

「我不是怕麻煩而不想打掃，我只是不能在安息日做這些事。向您報告，我是那個良心……，『因良知而拒服兵役』。」

「喲，我們這裡有個人是『因良知而拒服兵役』呢！」士官用諷刺的口吻說。「老兄，你要搞清楚，你這套對我是沒有用的——去幹活，快！」

「長官，抱歉，我今天不能工作，」戴斯蒙堅持地說。「但我可以明天再做。我保證會比別人努力兩倍！」

「我們是今天有事要做，不是明天。要是你不肯工作，在我把你轟出去前自己先滾蛋！我不要再看到你出現在我面前！」

戴斯蒙只好走到營房外的台階坐下，從口袋拿出那本小小的《聖經》開始研讀，剛才的事就像一場惡夢，他需要《聖經》話語的鼓勵。

「怎麼還有人坐在這裡？」一位軍官經過，看到戴斯蒙坐在階梯上讀《聖經》。「你現在不該待在外面，回到營房裡面，開始工作。」戴斯蒙想要解釋，但軍官不聽，只是不斷要他「回去！」、「回去！」。戴斯蒙只好嘆了一口氣，走回營房，他一進門就被那位士官看到。「我不是叫你到外面去嗎！」他吼道。

⑭加州奧克蘭市

⑪賓州的印第安人鎮
軍事峽谷保留地

⑤奧克拉荷馬州勞登市的
錫爾堡軍營1942年9月10日

⑬西維吉尼亞州
艾金斯

⑧亞歷桑納州的沙漠軍營
1943年4-9月

④里奇蒙1942年8月17日結婚

⑩鳳凰市

①李營區
1942年4月1日入伍

⑫維吉尼亞州
皮克特基地

⑨巴克艾教會

③哥倫比亞教會

②⑥南卡羅來納州
傑克森堡基地1941-1943年

⑦路易斯安納州

戴斯蒙於美國本土軍旅遷徙地圖

「我有，但一位長官要我進來。」戴斯蒙試著解釋。

「搞什麼鬼！好吧，杜斯，那你到角落去，不要擋在路中間，以免把別人絆倒。」他諷刺道。於是戴斯蒙到角落坐下，但不時有士兵伺機靠近，對著他亂罵一通。

第二天早晨，新兵們奉命把東西打包好，十點半在跑道旁集合，準備出發前往南卡羅來納州的傑克森堡基地接受基本訓練。

第 8 章 · 你現在是軍人了

The United States Army
MEDAL OF HONOR
THE NATIONS HIGHEST MEDAL FOR VALOR

第 9 章
基本訓練

「弟兄們上車！盡可能讓自己舒服些，因為旅程很長，而且到了那裡可就沒有舒服自在的機會了。」軍官提醒道。

從維吉尼亞州往南，進入北卡羅來納州再進入南卡羅來納州靠近哥倫比亞市的傑克森堡，沿途景緻怡人。士兵們依照指示下了火車，馬上就有軍用車輛接他們到傑克森堡。

抵達後，每個人要將各個站點跑過一遍，聽取指示及任務。輪到戴斯蒙時，他走近桌邊，向那裡的軍官行了一個笨拙的禮，因為對這一切還很生疏，但軍官露齒而笑，回了個禮。

然後他接過戴斯蒙的資料夾，翻看了一下，說：「杜斯，你的軍籍號碼是33158036，你的病歷號碼是C6067288。這張卡上面有這兩個號碼，不過我還是建議你背起來，以後常會用到。你分配到M連，門那邊有那位士兵會指引你過去。」

「請問M連在哪裡？」戴斯蒙問那位士兵。

士兵告訴他怎麼去，但又說：「等一下，他們要你們在這裡等一下，有些事要先跟你們宣佈。」

教官們向他們宣讀了《戰爭條例》，要他們遵守軍中的規定，像是禁止不假外出之類，然後宣布：「你們將隔離檢疫兩個星期，這段時間內不可以離開營區。」接著所有人解散。

戴斯蒙找到了M連，並將他的配備整整齊齊地收納在舖位

的末端。這週才剛開始，不過戴斯蒙覺得不要等到星期五下午才詢問關於守安息日的事。他要確定自己在安息日沒被納入工作編組，並且他還能去教會，但再加上聽到要檢疫，他不禁想他該怎麼辦。離開他的鋪位時，他做了個簡短的禱告，求上帝幫助他解決眼前的困難。

他找到了一名士官。「士官，我是基督復臨安息日會的教友。我希望去了解我安息日能不能不工作，關於這件事請問我應該去哪裡，找誰問？」戴斯蒙問。

「你可能要去找隨團牧師。他的名字叫史坦利，你可以去團醫護站旁的小教堂找他。」這名士官的態度還算友善。

戴斯蒙問到了醫護站的地點。「請問有一位史坦利牧師嗎？」他問。

「你可以去那邊的教堂找他，大兵。」有人回答他。

戴斯蒙到了教堂，看到門邊有一張桌子，桌旁坐了一個人。「長官您好，請問您是史坦利牧師嗎？」對方說他是，於是戴斯蒙說：「我想我可能需要與您談談。」

「你叫什麼名字，想跟我談什麼？」史坦利牧師問道。「我的名字叫做戴斯蒙・杜斯，剛來到這個營區。長官，我是基督復臨安息日會的教友，想請問有沒有可能讓我安息日不用

工作。我也很希望可以拿到通行證，讓我可以去哥倫比亞的教會參加聚會。」戴斯蒙很有禮貌的說。

「很高興認識你，杜斯。我有個好朋友也是屬於你們教會的，我想他應該是你們的牧師。關於你的問題，因為有檢疫的因素，我不確定能不能幫上忙，但我會試試看。」牧師說。

「長官，向您報告，我每週都上教會，實在難以想像有一週不去了。」

「好，謝謝你跑這一趟來申請。你過兩天再來找我，我想想看有沒有辦法幫你。」牧師說，要他先回去。

戴斯蒙看得出史坦利是個友善且為人著想的人，也相信他會盡可能的幫助他，後來這印象數次獲得驗證；史坦利之後又幫他解決了一些因復臨教會信徒身分所引發的問題。

於是戴斯蒙回到了M連，他很快就適應了軍中規律的生活。據他的觀察，分派到M連的人至少有一部分是因為軍方暫時還不知道要把他們分派到哪個單位，於是就先分派到M連。

星期五那天戴斯蒙再去找史坦利牧師。「史坦利牧師，請問關於我希望明天上教會的事，不知後來進行怎樣了？」

「我很高興你有來找我，杜斯。我們負責這類請求的人開了個會，決定讓你明天上教會。不過有個條件，就是你得找個

⑭加州奧克蘭市

⑤奧克拉荷馬州勞登市的
錫爾堡軍營1942年9月10日

⑪賓州的印第安人鎮
軍事峽谷保留地

⑬西維吉尼亞州
艾金斯

④里奇蒙1942年8月17日結婚

⑧亞歷桑納州的沙漠軍營
1943年4-9月

⑩鳳凰市

⑫維吉尼亞州
皮克特基地

①李營區
1942年4月1日入伍

③哥倫比亞教會

⑨巴克艾教會

②⑥南卡羅來納州
傑克森堡基地1941-1943年

⑦路易斯安納州

戴斯蒙於美國本土軍旅遷徙地圖

人跟你一起去。」

　　戴斯蒙正想著不知要上哪裡去找一個可以在星期六陪他去上教會的人，才發現史坦利還沒把話說完，「……但我們最後決定還是就讓你一個人去。」

　　於是，戴斯蒙在醫護站領取了通行證，很開心在入伍後的第一週就能上教會。他很喜歡哥倫比亞教會的敬拜活動，那裡的教友早已習慣教堂裡士兵們來來去去，對他非常熱情友善，甚至邀請他中午留下來享用為傑克森堡軍營士兵所舉辦的愛宴。安息日即將結束時，他心中感到很溫暖，為這美好的一天感謝上帝。

　　戴斯蒙漸漸了解軍隊是怎麼由師、團、營及連等所組織起來的，而醫務部是一個獨立的單位，不受連長的管轄，而是自成

105

一個體系，不過醫護兵仍會分派到各連中。入伍第二週，戴斯蒙被派到醫務部成為醫護兵，並分派到第77師307步兵團B連。

　　週五下午，戴斯蒙再次前往團醫護站，申辦星期六（**安息日**）離營去上教會的通行證，因為有上週申請成功的先例，他以為這次應該也沒問題。

　　「請問可以給我一張明天的通行證，讓我上教堂聚會嗎？」戴斯蒙問醫護站的士官。

　　「我覺得你可能要問溫道爾上尉（**非真名**）。你知道依規定新兵要先隔離檢疫兩週，因此我沒辦法給你通行證。」士官回答。

　　「請問溫道爾上尉在哪裡？」戴斯蒙問。

　　「他現在不在，但15分鐘內應該會回來。你要不要等一下？」

　　「好，那我等一下。」戴斯蒙知道他得見這位上尉。

　　溫道爾上尉10分鐘後即出現，望著坐在椅子上的戴斯蒙。戴斯蒙立刻起身行了個禮。

　　「這位弟兄，有什麼要我幫忙的嗎？」上尉問道。

　　「長官，我的名字叫做戴斯蒙・杜斯，是基督復臨安息日會的教友。上週感謝史坦利牧師的熱心協助，讓我可以去教

會，而且安息日不被分派到工作。我習慣每個禮拜都上教堂，很希望這週也能拿到通行證。」

「杜斯，我是猶太人，也是每個安息日上教堂——我是說當我不在部隊的時候。但現在我們人是在部隊中，我週六得工作——你也一樣！」溫道爾上尉表示。

「對不起，上尉，但我對您的看法，無法苟同。《聖經》告訴我，我們在上帝所訂立的安息日是不該從事任何工作，我必須遵從上帝的話。史坦利牧師說有個委員會已針對我的情況開會討論了，他們已決定了儘管現在我仍在檢疫期間，但我仍可以去教會。因此，請問明天可否發給我通行證呢？」戴斯蒙問。

「如果史坦利牧師已這樣說，我想我得給你通行證。你去找士官幫你弄一張來，然後拿給我簽名。」

戴斯蒙拿著通行證高高興興地離開了，想著明天又可以去教會，他沒忘記感謝上帝，從此，每週五戴斯蒙都到團醫護站去拿通行證。雖然溫道爾上尉老是拿他安息日不工作以及要通行證上教堂這點碎碎唸，但戴斯蒙的通行證最後還是拿到手——直到有一天⋯⋯

「杜斯，我已經搞煩了，每個禮拜都要給你通行證，好讓你去教會。我已經告訴過你，在部隊的時候就要忘掉安息日的

事，跟其他人一樣的工作。畢竟你可以在星期天休息，那不就夠了嗎？」到了這個禮拜五，溫道爾上尉這樣說。

「上尉，長官，我不能這樣做。我安息日休息過了，星期天就會努力工作，但我不可能在安息日工作。」

「好吧！杜斯，我會給你一張通行證——但下不為例，我也不會再讓其他人發通行證給你了，明白嗎？」戴斯蒙知道上尉說到做到。

「杜斯，你教會的聚會幾點結束？」上尉繼續問。「聚會大約中午就結束，不過之後通常會有為軍人們舉辦的愛宴。」

「好，那你四點前回到這裡，然後到醫護站報到。」

「是的，長官。」戴斯蒙答應了。

第二天他帶著忐忑不安的心情上教會。禱告時間到了，戴斯蒙向會眾說明了自己遇到的問題，請他們為他代禱，讓他還能持續上教會。他們特別為他做了個禱告，也答應在接下來的一週持續為他禱告。

當戴斯蒙下午回到營區向醫護站報到時，卻發現溫道爾上尉不在。「好，杜斯，你準時回來了！」士官說，「你要不要先到小教堂那裡去一下？我們如果需要找你時，會去那裡叫你。」

戴斯蒙不知道發生什麼事了，但他相信船到橋頭自然直。

他到了小教堂，卻發現史坦利牧師在那裡。跟敬虔且友善的史坦利牧師談話總是件愉快的事。

「哈囉，杜斯，真高興又碰到你。成為醫護兵之後一切事情都還適應嗎？」牧師問道。

「還不錯，史坦利牧師。我學到很多，也很喜歡分派的工作。不過，今天我確實碰到一個問題。」於是戴斯蒙把他和上尉因安息日及通行證所引起的不愉快告訴史坦利牧師。

「戴斯蒙，我很希望能幫忙，」史坦利牧師表示，「我想到的唯一方法是把你的問題提報到師級單位，請他們討論。我若這樣做，溫道爾上尉一定會不高興，他勢必因此討厭我，但我也想不出別的辦法了。那就這樣辦吧！我會讓你知道我有沒有成功。」

史坦利牧師和戴斯蒙討論了很久，直到夕陽西下，安息日即將過去。戴斯蒙離開前向史坦利牧師好好道謝了一番，感謝他一直以來對這些事的幫忙和努力。

接下來的週五，戴斯蒙又去找史坦利牧師。「好消息，杜斯！」牧師說，「77師已經核准了你安息日的通行證，這是相關證明文件，上面寫著『應盡可能協助核發通行證給戴斯蒙・杜斯，讓他可以在每週六去教會。』我想這樣事情應該算搞定

了。」牧師一邊笑著說，一邊把證明文件遞給戴斯蒙。

「您不知道這件事對我來說意義有多重大，牧師！」戴斯蒙說，「願上帝祝福您。」

當天下午戴斯蒙再度來到醫護站，這次他帶著77師核發的證明單。士官看到他來了便說：「我沒辦法發通行證給你，杜斯，而且上尉也不在。」

「這是77師核發的證明單，士官。」戴斯蒙說。「請問溫道爾上尉在哪裡？」

「他帶士兵去野地進行體能訓練了。」士官答道。戴斯蒙以前都不知道上尉還要做這種事。

「那麻煩你幫我開立一張通行證，我自己拿去請他簽名。」戴斯蒙跟士官說。戴斯蒙拿著士官開立的通行證去找上尉。他行了個禮，把師級單位核發的證明單以及通行證交給他。

「稍息！」溫道爾上尉向士兵們宣佈。他拿起證明單，整張讀過一遍，看著看著，他的臉漲紅了。不過，他還是當著眾人的面前簽了那張曾發誓再也不簽名的通行證。從那天起，戴斯蒙覺得自己已被列入上尉的黑名單了；由溫道爾上尉對待他的方式看來，他會這樣想也不是沒有理由，不過，戴斯蒙在安息日又可以去教會了。

The United States Army
MEDAL OF HONOR
THE NATIONS HIGHEST MEDAL FOR VALOR

第 10 章

結婚進行曲

　　面臨種種問題，特別是面對與相關安息日的阻礙時，戴斯蒙總有一位親密戰友，那就是桃樂絲。儘管相隔兩地，但兩人靠通信保持密切聯絡。

　　有天安息日，戴斯蒙和湯瑪斯太太在教會聊天，她是位很親切的教友，湯瑪斯太太問道：「最近都好嗎？軍方有照規定，公平對待你嗎？」

　　「嗯，有的，湯瑪斯太太。」他說，「其實我在軍中學到滿多東西的，除了為了拿到通行證上教會碰到點麻煩外，其他事都還算順利，只是我很想家，尤其想念桃樂絲。妳知道她是我的未婚妻，可是自從我被徵召入伍後，我們就沒見過面了。」

　　「戴斯蒙，」湯瑪斯太太說，「桃樂絲有沒有可能來看你？如果她能來的話，歡迎她住我家，只要她方便，隨時都可以來。」戴斯蒙的眼睛發亮地說：「那真是太好了，湯瑪斯太太！我不確定能不能成功，但我們會努力想辦法。」

　　有了湯瑪斯太太主動提出邀約，桃樂絲幾個禮拜後就來到了哥倫比亞。檢疫當然早已結束，因此戴斯蒙把握週末，與桃樂絲共度每一刻。湯瑪斯一家都很熱情友善，感覺他們很歡迎兩位年輕人來作客。

　　週六晚上，戴斯蒙和桃樂絲在客廳聊天（**善體人意的湯瑪斯一**

家那晚刻意外出用餐）。這對年輕的情侶向來喜歡一同禱告，於是他們一同做了個禱告。然後桃樂絲問：「戴斯蒙，你真的都還好嗎？除了你信上跟我提的，還有沒有什麼其他的問題？」

「寶貝，軍中生活沒太大問題，我應付得來；但是我好想你，希望我們還是能夠想辦法先結婚。我知道你9月要去上護理學校，我不想阻止你，但如果我們先結婚，我們至少有時還能待在一起。」

桃樂絲嘆了口氣。「親愛的，這件事我想了很久。我是想去上護理學校，但我漸漸了解，你需要我的程度超出我想讀護理的程度。我想我們可以結婚，但小心在戰爭打完前先不要有小孩。你認為呢？」

「親愛的，妳真的這麼認為嗎？那太好了！我們結婚以後，我在哪裡駐紮，妳就能跟過來，而我一有休假也能陪陪妳。」想到結婚的可能性，戴斯蒙的眼神浮現光采。兩人又親又抱，正式立下約定，接著要做些具體的規劃了。

「我們在里奇蒙的教堂舉行婚禮吧！親愛的。」桃樂絲興奮的建議，「你何時可以有休假？」

「我現在還在基本訓練期間，要等到結束才能有休假。我猜結束是8月，我會確認一下，最好能問出休假的確實日期。」

兩人望向牆上的日曆，看來，如果一切順利，他們可以在大約8月15日舉行婚禮。桃樂絲星期天仍得回去，但兩人道別時心情比剛見面時輕鬆多了。

戴斯蒙去找溫道爾上尉詢問休假的事，但沒得到一個確定的日期。「軍官和未委任士官有優先權，你得等一等。」上尉回答道。戴斯蒙本希望能給桃樂絲明確的答覆，但發現他們得耐心等待，不過，反正距離8月還有兩個月時間。

1942年7月4日國慶日剛好是在週五，傑克森堡的人都跑去度假了。戴斯蒙覺得很寂寞，渴望見到桃樂絲，他必須想個辦法見她一面！他盤算著，要是他搭星期四晚上的巴士去里奇蒙，然後週日回來，就可以趕上週一早上的早點名，不會被發現。他沒把他的計畫告訴營區任何人，不過，後來事實證明，幸好他已告訴湯瑪斯太太他那週要去找桃樂絲。

一切皆如計畫進行。他抵達里奇蒙的舒特家，期待給桃樂絲來個驚喜，他知道桃樂絲見到他一定很開心；他敲了她家的門，希望是桃樂絲來開門，就可以看到她又驚又喜的樣子，然而，來開門的卻是桃樂絲的媽媽。

「戴斯蒙，你怎麼會出現在這個地方？」他看到的卻是桃樂絲媽媽驚訝的臉。

「噢，我來找您的寶貝女兒桃樂絲啊！舒特媽媽。」戴斯蒙說。

「可是、可是戴斯蒙，桃樂絲也跑去找你了！她想給你一個驚喜。」戴斯蒙簡直不敢相信自己的耳朵！

「現在該怎麼辦？」他和桃樂絲的媽媽努力思考著。

「桃樂絲找你時所暫住的那戶人家是姓湯瑪斯嗎？我們要不要打電話給他們，要桃樂絲趕快回來？」現在還是星期五一大早，因此這樣的辨法是可行的。

同時，桃樂絲也已經到了哥倫比亞，期待著戴斯蒙看到她會是如何的驚喜，但同樣的，她到了湯瑪斯家卻看到開門的湯瑪斯太太一臉驚訝。「桃樂絲，妳怎麼會在這裡？」她問。

「我來找戴斯蒙，希望給他一個驚喜。」桃樂絲說。

「嗯，他現在一定很驚訝，因為他跑到里奇蒙，也想給妳一個驚喜。」

桃樂絲漸漸想通是怎麼回事了。「天哪，湯瑪斯太太，我該怎麼辦？」

「我們打電話問問看現在有沒有往里奇蒙的火車。」湯瑪斯太太建議。詢問後，得知有班往里奇蒙的火車大約在20分鐘以後出發，桃樂絲狂跑到車站，剛好在火車離站時趕上。

　　湯瑪斯太太告訴戴斯蒙，桃樂絲已經在回里奇蒙的路上。戴斯蒙到車站去接她，兩人共度了一個美好的安息日。他們下定決心，以後絕對不會再給對方這種驚喜了！

　　星期天戴斯蒙決定搭火車而不搭巴士返回傑克森堡，因為這樣抵達的時間剛好。他會在星期一凌晨四點到哥倫比亞，有足夠時間趕回傑克森堡參加早點名，然而火車偏偏就在這個時刻拋錨了！不知是出了什麼問題，反正最後終於修好了，但列車因此延誤到中午才抵達哥倫比亞，等戴斯蒙回到傑克森堡已是下午一點，距離早點名的時間已經過了七個鐘頭！

　　「杜斯，今天早點名的時候你跑到哪去了？」當戴斯蒙走進營區時，士官問。他沒打算隱瞞什麼，將整件事向士官和盤托出。他受到的處分是接下來的十天，每天晚上都要刷洗B連醫護站的地板及清理櫥櫃，而且這段期間內都不准去福利社。

　　這懲罰對戴斯蒙來說不算太嚴厲；地板通常白天就刷過，他只需輕刷一遍，再整理一下環境，剩下的時間他可以用來寫信給桃樂絲或爸媽。因為自己不能上福利社，他請朋友幫他把制服拿到福利社送洗，從沒碰過這麼輕鬆的處罰，戴斯蒙慶幸著沒耽誤到寫信的時間，而且結婚要穿的軍服也送洗了。

　　戴斯蒙和桃樂絲計畫結婚的日子即將來到；他們必須定下

具體的日期，但戴斯蒙一直無法得知休假的確實日期，於是戴斯蒙再次去問休假的事，這天是李奇士官值班。

「士官，請問我休假的事要怎麼處理？我跟您講過我打算結婚，必須知道何時輪到我休假，好讓桃樂絲決定婚期。」戴斯蒙再次陳情。

「恭喜喔！杜斯。我有個建議，你要不要去團本部找副司令官說明你的情況？他是這類事務的負責人，或許能給你個確實的日期。」李奇士官建議道。

於是戴斯蒙跑去團本部，但沒找到副司令，正猶豫下一步該怎麼做，團司令官進到房裡，見他杵在那裡不動，問道：「弟兄，有什麼我可以幫得上忙的嗎？」

戴斯蒙行了個漂亮的舉手禮，答道：「我要找副司令官，長官，但他不在，可是我沒被允許來找您。」

「沒關係，我現在准許了！」司令官和氣地說，「什麼事？」

「長官，基本訓練結束後我想結婚，我女朋友和教堂那邊都準備好了，但卡在我沒辦法確定休假的日期，因此一直無法確認婚期，所以我想知道，何時能確定我的休假日。」

「我想可能有困難，杜斯大兵，因為預備學校的關係。」司令官說。見戴斯蒙一臉茫然，他又問：「你是在等著進入軍

官預備學校嗎？」

「長官，沒有！」戴斯蒙急忙解釋。

「噢，那就沒有影響，我來幫你打給溫道爾上尉。」說著他就拿起電話撥給溫道爾上尉。「溫道爾，戴斯蒙・杜斯來我辦公室說他要結婚了，想知道他的休假日。如果有士兵要結婚，你千萬要成全他，你能不能幫他確定休假的日期？這樣他才能決定婚期。」

戴斯蒙在旁邊聽，但無法得知溫道爾說了些什麼，但是當電話掛上後，他得到答案了。「好了，溫道爾上尉會幫你搞定這件事——恭喜，杜斯！」

「謝謝您，長官！感謝您的幫忙！」戴斯蒙微笑地敬了禮。

戴斯蒙回到醫護站，正打算進去找溫道爾上尉，卻被李奇士官阻止了。「杜斯，千萬不要進去！他會把你宰了，他現在處於暴怒狀態。你為什麼不經允許就直接去找司令官呢？」李奇緊張地說。

戴斯蒙解釋，他本來是要去找副司令官，但他不在，他並沒有刻意去找司令官，是司令官自己主動跟他說話，要幫他忙的。

「好，你先回到你的營房，我來幫你跟溫道爾上尉把事情的來龍去脈解釋清楚，等他氣消了，你就可以拿到你的休假

了。」戴斯蒙終於獲知,他的休假是從8月13日星期四開始,因此他們可以如原先計畫,在8月15日星期六晚上舉行婚禮。

他星期四抵達里奇蒙,星期五和桃樂絲到法院拿結婚許可證,但碰到了一個問題;那裡的人告訴他們,要拿到許可證,得先去做一個抽血檢查,儘管當天就可以做,但檢驗結果要等週一上午才會出來,也就是說,週一的驗血報告沒出來前,是拿不到許可證的,也就無法舉行婚禮!

星期一早上他們終於去法院領到了結婚許可證,婚禮定在當天下午四點。教會的人都全力協助他們,將婚禮辦得盡善盡美;許多人提供了佈置會場的鮮花,戴斯蒙借了舒特媽媽的車子,挨家挨戶的把這些花載到教會,然後,他發現他得理個髮。到了理髮院,卻發現隊伍排得好長,但他認為應該來得及趕上,在等待的時候,有個男人進入理髮院,逕直地問外面那輛福特車是誰的。

「是我的車。」戴斯蒙疑惑著說,「怎麼了嗎?」

「你的車爆胎了,我想最好跟你講一下。」他說。

理髮師知道戴斯蒙理髮是為了下午的婚禮,便說:「你先去修車,我幫你保留位置。」結果他修了車,理了頭,還趕上了婚禮!

戴斯蒙和桃樂絲攝於他們1942年8月17日的婚禮

典禮進行得順利圓滿；新郎滿心歡喜，新娘容光煥發。他們的儀式跟傳統的有點不一樣，牧師沒要兩位新人回答「是的，我願意」，反而是直接告訴他們，要是他們願意不論順境逆境、富貴貧窮都永遠相守，就將兩人的雙手互相交疊。在為新人禱告時，牧師祈求上帝用特別的方式保守他們，讓他們儘管身處戰亂，仍能平平安安，終於，他們倆的關係成了杜斯先生和杜斯太太！

戴斯蒙覺得「富貴貧窮」這句真是太貼切了。他月薪21美元的軍餉只能過簡樸的生活，桃樂絲手頭也不寬裕，婚禮當晚他們住在林奇堡市的戴斯蒙父母家，一直住到戴斯蒙休假結束，返回傑克森堡。

戴斯蒙發現，婚後軍方給他的薪水每個月從21元變成22元，而且桃樂絲每月還可以額外再領50元津貼。桃樂絲像其他

二戰時的婦女一樣，丈夫派駐到哪裡就跟到哪裡，且她不放過任何打工的機會。她總是把50元原封不動的存起來，希望在戰爭結束後能買一個小窩。

　　戴斯蒙很捨不得新婚妻子，但也開心他們終於結婚了。婚姻讓他有了定下來的感覺，也賦予他新的責任感。他感謝上帝賜給他這麼一位好太太，願意鼓勵他，陪在他身邊——至少有時她能在身邊。

⑭加州奧克蘭市

⑤奧克拉荷馬州勞登市的
錫爾堡軍營1942年9月10日

⑬西維吉尼亞州
艾金斯

⑪賓州的印第安人鎮
軍事峽谷保留地

④里奇蒙1942年8月17日結婚

⑧亞歷桑納州的沙漠軍營
1943年4-9月

⑩鳳凰市

⑫維吉尼亞州
皮克特基地

①李營區
1942年4月1日入伍

③哥倫比亞教會

⑨巴克艾教會

②⑥南卡羅來納州
傑克森堡基地1941-1943年

⑦路易斯安納州

戴斯蒙於美國本土軍旅遷徙地圖

121

The United States Army

MEDAL OF HONOR

THE NATIONS HIGHEST MEDAL FOR VALOR

第 11 章

傑克森堡及西部駐點

⑭加州奧克蘭市

⑪賓州的印第安人鎮
軍事峽谷保留地

⑤奧克拉荷馬州勞登市的
錫爾堡軍營1942年9月10日

⑬西維吉尼亞州
艾金斯

⑧亞歷桑納州的沙漠軍營
1943年4-9月

④里奇蒙1942年8月17日結婚

⑩鳳凰市

⑫維吉尼亞州
皮克特基地

①李營區
1942年4月1日入伍

⑨巴克艾教會

③哥倫比亞教會

②⑥南卡羅來納州
傑克森堡基地1941-1943年

⑦路易斯安納州

戴斯蒙於美國本土軍旅遷徙地圖

　　戴斯蒙休假結束回到傑克森堡，聽到傳言說軍隊即將被派
駐到某個地方，但派到哪裡，也許有些人知道，但大部分的人
都不知道。

　　1942年9月10日，第77師搭乘軍用列車，前往奧克拉荷馬
州的錫爾堡，軍營位置在勞登那座小城附近。戴斯蒙很快就在
那城找到了復臨教會的位置，且和其他幾位同袍一起拿到了安
息日上教會的通行證，每個安息日中午，教會的婦女們都會準
備愛宴，士兵們都很期待這一頓。

　　其中有一位婦女更是有如天使的化身，她的名字叫做
蘿莉・哈金森，這名字真是名符其實呀！（**她的名字叫Lovey
Hutchingson，Lovey 為「充滿愛意」的意思。**）「我雖然每天都要工
作，但還是歡迎你們來。你們這些男生只要人在勞登，就不要

客氣，我會盡量讓冰箱保持食物充足——除非許多人同時大舉進攻，所以——歡迎自行取用。」

此舉大大激勵了他們的士氣，他們毫不客氣的領受了她的好意和食物，她家成了私人的「美軍服務組織」，蘿莉常和士兵們同心協力一起備餐，他們都超喜歡這種感覺。

在錫爾堡待了幾個月後，第77師調轉方向，搭了幾天火車回到傑克森堡。接下來的兩個半月，士兵們都在演習中度過，常常一次就走上40公里的路，戴斯蒙自然也與大家同行。路走多了自然會產生的問題之一，就是腳起水泡。

「杜斯，幫幫我，我的腳痛死了。你有辦法治水泡嗎？」各種不同職務的士兵都會為此向戴斯蒙求救。他會拿一根用酒精消毒過的針把水泡刺破，將裡面的液體擠出來，把一圈紗布敷在水泡周圍，然後貼上ok繃。這樣做可以舒緩傷口受到的壓力，讓士兵們走路時不會那麼痛。

戴斯蒙對自己處理水泡的技術還蠻自豪的，他經手的案例從未發生過感染。他處理水泡時，有時不禁會想，老師教他的「一開始就要把事情做好」的原則是否也適用於處理水泡上。

士兵們參與演習時，有時會對戴斯蒙及他遵守安息日的習慣造成些不便。「可以發給我一張通行證，好讓我明天上教會

嗎？」戴斯蒙問上尉。

「杜斯，連我們自己都不知道明天晚上會在什麼地方，你要如何找我們？」上尉說。

「我也不確定，上尉。不過你如果告訴我大概的地點，也許我能找到你們，我相信上帝會幫我。」

「問題是，就連『大概會是在什麼地方』我都不知道。」上尉無奈地說，不過上尉還是發給了戴斯蒙通行證。

和教會弟兄姊妹共度愉快的一天後，戴斯蒙回到了營區，到處詢問是否可以搭便車到他們被派往的地點。最後有一名憲兵告訴他，某棟建築物那裡有軍車會開往士兵們所在的地點。他到了那裡詢問一位憲兵，當晚有否開往受訓士兵們所在地的車，所得到的答覆卻是否定的。

當他要往回走時，那名憲兵把他攔了下來。「你不能走，大兵——因為你被拘留了！你要等到明天早上才能和其他被拘留的士兵一起被釋放。」戴斯蒙別無選擇，只好留下。第二天當他和其他被拘禁的人一起抵達他們駐紮的地點後，少不了被其他同袍消遣一番。

「你做了什麼壞事啊，杜斯？」有幾位邪笑地問，「跑去喝酒了？」還有人暗笑著問。

「沒有啊！我只是去上教會。」戴斯蒙無辜正色地說。

時間過得很快，戴斯蒙的單位又再度搭上軍用列車，前往路易斯安納州，繼續過著不斷演習的日子。這個軍營和他們以前待過的截然不同，首先，它是個新成立的營區，附近從來沒有成立過任何其他營區，此外，它地處原始的荒野，荒「野」到野豬四處橫行，牠們會在營區附近亂跑，有時甚至會跑進士兵的營帳，也不管裡面是否有人。糟糕的是，牠們成功侵入了存放食物的營帳，毫不客氣地吃起來，最令士兵困擾的還有南方常見的壁蝨及恙蟲，數量之多，讓每個人都搔癢難耐！

戴斯蒙在路易斯安納的時候，有一件令他開心的事就是桃樂絲搬到附近陪了他一段時間，她在離營區只相隔一條馬路的一間農舍找到了一個房間，她和戴斯蒙感謝上帝讓他們能夠有機會得以再度團聚。

這天是週五下午，戴斯蒙請溫道爾少校（**他從上尉晉升到少校**）幫他簽發第二天上教會的通行證，結果少校斷然拒絕了。戴斯蒙和桃樂絲感到很失望，但決定兩人還是會共同持守安息日為上帝的聖日。戴斯蒙安息日一早就到桃樂絲居住的農舍去接她，兩人在牧牛的草地共度了一天，一同讀經、唱詩、聊天。但當他晚上返回營區時，得知少校要他馬上去見他。

「一等兵杜斯報到，長官。」戴斯蒙說。

「你搞什麼鬼啊，杜斯！」少校咆哮道。「我沒發給你通行證，你竟擅自離營去逛大街。」

「我完全沒去逛大街，長官！」戴斯蒙解釋地說。「我太太住在營區對面，我們今天是待在那裡的放牧草地。長官，可能要提醒您一下，根據師級單位的命令，只要情況允許，我安息日是可以自由安排的。」

此話一出，少校頓失立場，不過他仍給了一記回馬槍：「杜斯，要是給我抓到你的小辮子，我一定把你送上軍事法庭。」

「長官，我會努力不讓你有任何機會的。」戴斯蒙答道。

★ ★ ★ ★ ★

亞歷桑納州的沙漠

第77師下一個派駐的點位於亞歷桑納州的沙漠。他們於1943年4月抵達，在那邊度過酷暑，於9月離開。這次一樣是個新營區，沒有架設降溫設備的營房——事實上，連營房都沒有，帳篷就直接搭建在滾燙的沙地上，當時的溫度如果在陰影下是攝氏43到49度的話——不過也沒有陰影就是了。

每個東西都是熱的，就連飲用水也是。雖然水是來自很深

的井底，但等到人喝時已經變熱了。荒謬的是，上級單位看到很多人因熱衰竭而昏厥，決定要在水裡添加鹽巴，另外還發鹽錠給士兵。沒有人會不喝水的，所以只好喝了那些加鹽的水，但很多人覺得喝起來令人反胃。

營區不時會有一卡車的啤酒運送進來，為了保持它們清涼，啤酒四周放滿了冰塊，士兵們真渴望能拿一些冰塊放到飲水裡，讓水降溫！不過，儘管冰塊運到營區時大部分已融化，剩下來的那些碎冰塊仍不被允許拿，畢竟它的功用是為了讓啤酒保持清涼！

說來悲哀，許多本來不碰啤酒的士兵這時也開始喝酒了，因為那是沙漠中唯一可取得的冷飲，但這樣的習慣使那些士兵因此一輩子再也離不開酒精了。

有天士兵被叫去集合，聽到以下宣佈：「我們今天要到一處叫『蒙特蘇馬的頭像』（Montezuma's Head）那裡舉行演習，把裝備帶齊。出發時，每個人會拿到一水壺的水，這壺水要喝到你們走完19公里抵達終點為止。到了那裡會發午餐給大家，並讓你們把回程的水灌滿。」

眾人呻吟了一番，哪怕在涼爽有風的天氣走上19公里也夠辛苦了，在這種毒辣的太陽下行走，簡直是會死人的！事實

上，有些人幾乎因此就丟了小命。

戴斯蒙當然也行軍了，但當他抵達19公里的終點時，卻無水可裝。這是因為水是裝在大桶子裡，但其中一大部分已被沖泡成了茶或咖啡，而這些飲料他是不喝的，剩下的飲用水沒那麼多，他和一些其他同袍就沒裝到水。

戴斯蒙和另一位士兵在沒水可喝的情況下踏上回程，沒多久，這位同袍就砰一聲撲倒在地，戴斯蒙看得出他是熱衰竭，但不知道該怎麼幫他，因為他需要的是補充水分，而他們兩人身上都沒水。

這時，團司令官來了，有一輛吉普車也開到現場，他們把已經不省人事的士兵抬上車。

「長官，請問可以給我們一點水嗎？我們回程時沒有喝到一滴水，他才會昏倒。」戴斯蒙問。

「士兵，你故意說謊！你一定是把自己水壺的水都喝完了，還想要！」司令官給了個冷血的回答。

「不是的！長官，我們的水壺真的完全沒裝到水！」戴斯蒙堅定地說。

戴斯蒙這樣說的時候，那位司令官打開了他的水壺，倒了些水到昏迷的士兵身上，但完全無意倒入他口中。

「長官，可以給我一點水嗎？」戴斯蒙哀求。

「來，喝一口！」司令官說。

戴斯蒙將水壺放到嘴邊，開始牛飲，直到司令官將水壺從他手上搶回。「夠了！現在，你的朋友可以搭車回去，而你，要用走的。聽到沒有？」司令官命令道。

他說完就離開了，戴斯蒙趁機違反命令，跳上吉普車，試圖用身體幫那位昏迷的士兵擋太陽。他知道在缺乏水分的情況下，他如果走回去，一樣會昏過去，而他不想就這樣在沙漠裡陣亡。吉普車開到了一個有供應飲水的醫護站，戴斯蒙痛快暢飲了一番，並將水壺裝滿，接下來的路程他順利走完，但他至今仍不曉得那位昏迷的同袍後來怎樣了。

★ ★ ★ ★ ★

巴克艾城

這座沙漠裡的營區位於亞利桑納州鳳凰市以西幾公里遠的地方。鳳凰市和營區間有個名叫巴克艾（Buckeye）的小城，戴斯蒙很快找到了那裡的復臨教會；不過，從軍營到巴克艾的交通不是很方便。

某個安息日，戴斯蒙聽說有個軍用卡車的車隊會經過巴

克艾城，於是詢問其中一位司機是否能載他一程，送他到巴克艾。「杜斯，照理說我不可以這樣做的，但你就待在卡車的後方吧！抵達你要下車的地點時，你就敲敲車子的天花板，我會假裝車子引擎出了問題需要修理而停車，然後你就趁機下車。不過記住，要是你被抓到了，我會裝作不認識你，也沒發生這回事！」

快要下車時，戴斯蒙敲了敲車頂天花板，於是卡車司機把車子開到路邊停車，跳下車，打開了引擎蓋一會兒，才再度回到車上，而戴斯蒙已經跑到路邊躲在一棟建築物的後面。那次他順利抵達教會，但他心知不會每次運氣都那麼好。

營區附近有個火車招呼站，本來士兵可以在這裡上車，前往巴克艾，但由於有些士兵會在列車上惹事生非（**也許是因為在那站有免費啤酒可以喝**），因此後來規定軍人——包括將領級的，都不可以在營區那站上車。

因此，戴斯蒙要去教會，只有一個方法最保險，那就是先搭軍用卡車到鳳凰市，再轉搭火車到巴克艾，不過如果採用這個方法，等到好不容易到了巴克艾，聚會也已經結束了。

於是戴斯蒙去找招呼站的站長商量。「先生您好，我是基督復臨安息日會的教友，週六時想搭車去巴克艾上教會。我知

道照理來說軍人不能在這裡搭車，但還是想請問，有沒有可能讓我搭您的車到巴克艾，我只是想上教會，不會去別的地方。」

「大兵，上級沒禁止我讓軍人上車，而且如果你還會上教會，我相信你是不會打架滋事的。沒問題！你可以上車。」站長說。

「每個星期六早上嗎？」戴斯蒙又追問。

「是的，每星期六早上。」他回答。

「先生，謝謝您！」戴斯蒙有禮地說。

於是，每個安息日早上，戴斯蒙都會去搭往巴克艾的火車去教會。這事傳開後，讓他的長官們心裡有點不是滋味，其中一位便揶揄地說：「杜斯比我們的將軍還暢行無阻！」

戴斯蒙這麼急著想要上教會還有另外一個原因：桃樂絲也在亞歷桑納州。她在巴克艾的一家診所做事，因此戴斯蒙去巴克艾不只是上教會，而且希望還能夠跟桃樂絲一起上教會，安息日成為兩人的特別時光。

★ ★ ★ ★ ★

陸軍條例第8節

某個星期五下午，戴斯蒙照例來到醫務營總部的所在營帳

去領他的安息日通行證，到了現場，他感覺氣氛有點異樣。那位像指揮官一樣對戴斯蒙很有意見的連士官長，在把通行證遞給戴斯蒙時，露出不懷好意的笑容。

「我很快就不用做這件事了，杜斯。」他不懷好意地說，「上級長官正在安排，你以後星期六都自由了。」

戴斯蒙決定要搞清楚這到底是怎麼回事，於是去找營長官，問他發生了什麼事。

「我有好消息要告訴你，杜斯。你快要可以退役了！我們仔細研究過你的案例，做出了以下的結論：你符合陸軍條例第8節所規定的除役標準。你先回你的營房，等除役委員會找你去面談。不過我想他們應該很快就會召見你了。」

戴斯蒙畢竟也是血肉之軀，炎熱的沙漠生活已經夠折騰他了，他的鼻子更因為不斷吸入沙塵而發炎，他的眼睛也因此淚流不止；軍官們還將他視作眼中釘，讓他不得不時時刻刻準備好把神經繃緊，其實他也快受不了了，渴望離開軍隊，打包回家。

然而他又想到，第8節的內容是針對精神疾病患者的退役條款。戴斯蒙・杜斯無法接受只因他週六要上教會，就被迫當成精神病患而退役。

除役委員會很快就召見他了。委員會由五位醫官及營指揮官所組成，他們圍繞一張桌子坐成一圈，討論地點就在炎熱的沙漠裡。委員會的主席告訴戴斯蒙，根據第8節規定，他即將面臨除役——這消息他本來就知道了。

「為何是第8節？我的工作表現不是還不錯嗎？」他面對的是五位認為他瘋了的醫官，他還能說什麼？

「的確！」醫官也承認。「我們對你的工作表現沒有話說，只是，你在宗教方面太執著了。如果你週六都不在，可能會錯失一些很重要的軍令或訊息。」

「長官，」戴斯蒙堅持地說，「如果我依照上帝在十誡第四條所規定的，遵守祂所訂立的安息日，我認為祂會給我足夠的智慧，足以應付各種情況。就算真有緊急事件發生，即使是安息日，我還是會照顧受傷生病的弟兄，我已經和另一位醫護兵協調好，星期六的時候他會代替我的職務，而星期天我會代替他的職務。長官，請容我提醒您，我們B連呈報的傷病員人數是全團裡面最少的。」

其實戴斯蒙大可不必白費口舌解釋，因為所有委員關心的只是要如何讓戴斯蒙乖乖退役，但戴斯蒙無法接受他們這種作法。「您說過我的工作表現良好，」他提醒委員們，「因此你

們要我除役的唯一理由，就是我守安息日。如果我接受了你們因為我的信仰而被視作精神異常的這種除役理由的話，那我真是愧為基督徒。很抱歉，各位，你們要用這種理由來要求我除役，我是沒辦法認同的，也無法接受！」

戴斯蒙此話一出，他們引用第8節就站不住腳了。因為，事實很明顯：華盛頓當局不會接受軍隊光用信仰當作勒令退伍的理由，於是，戴斯蒙終究能夠在那炎熱的營區留下。儘管他贏了，但也沒什麼好高興的，上級們肯定不會因此而變得更加喜歡他。

有消息傳出，第77師即將要拔營離開沙漠了——這真是個大好消息！他們再也不用忍受滿天風沙、熱氣、沙漠裡的演習，他們要朝下一站前進了。

針對第8節條例召開委員會幾天後，戴斯蒙被告知前往團醫護站總部報到。他一開始還納悶，不久就得知真相。「杜斯，你將被調到步兵團。」連士官長告訴他。醫務營那些看他不順眼的人找到另一個擺脫他的方法了，那就是把他調走，因此他即將要交出自己的醫護器材，向第一營總部連報到。

他收拾著行李，心知以後不會有好日子過。「親愛的耶穌，請與我同在，讓我明白該怎麼做。」他低下頭，開始禱

告。這時他突然想到一個主意：去找史坦利！他現在是77師的隨軍牧師。牧師聽了戴斯蒙的描述，很同情他，但對他的問題暫時無能為力。

戴斯蒙交回了他的醫護器材，當他準備要離開營區時，一位名叫瑪奇·哈維的四級技術士官的朋友來跟他道別。

「噢，對了，杜斯，」他說，「我剛剛跟你新的連指揮官下了一個10元的賭注。他說一定會讓你在30天內拿起槍，我賭你不會。」

「哈維，你知道我不贊成賭博。但願你們兩人都能贏，不過我是不會拿槍的。」

於是，戴斯蒙向他的新指揮官科斯納上尉（**非真名**）報到。關於戴蒙斯這位要轉到他所管轄連隊的麻煩人物，已經有人警告過他，而他也做好準備了。他將戴斯蒙派到輕工兵彈藥小隊，還為他準備了一支卡賓槍。

「杜斯，來，」他命令道，「拿著這支卡賓槍。」戴斯蒙登時明白了那位尉級軍官的意圖。因著他「因良知而拒服兵役」的身分，法律容許戴斯蒙可以不使用武器，但這不代表他可以違抗軍官的命令。

因此，戴斯蒙沒去拿那把卡賓槍，但他說：「長官，我

很抱歉，但因為信仰的關係，我不能使用武器。」上尉又試了一次，命令他拿起那把卡賓槍，見他不拿，接著又換了一把點四五自動手槍，說：「杜斯，拿著它，這不算真正的武器。」

「那它算是什麼，長官？」戴斯蒙低聲問。然後上尉又換了雙刃短刀和彈藥組試試看，戴斯蒙一樣拒拿，但是用比較委婉的方式拒絕了。

「杜斯，你聽我說，」上尉試著勸他，「我不是要你殺人，我只是要你接受和別人一樣的訓練。」

「我寧可信靠上帝，而不是一把卡賓槍。」戴斯蒙冷靜地說。

「杜斯，你是有老婆的人，萬一有人強暴了你的太太，你也不會用槍對付他嗎？」上尉換另一個方法遊說他。

「我沒有槍，也不會用槍對付他。」戴斯蒙答道。

「那你會怎麼做？」

「我絕不會眼睜睜的看著它發生，」戴斯蒙口氣嚴厲地答道，「我不會殺了那人，也不會開槍。但我會跟他纏抗到底，直到他寧願死了算了。」

兩人的僵持暫時劃下句點了——30天期滿時，哈維應該拿到了他的賭金10元。

The United States Army
MEDAL OF HONOR
THE NATIONS HIGHEST MEDAL FOR VALOR

第 12 章
東部駐點・往戰場

⑭加州奧克蘭市

⑥奧克拉荷馬州勞登市的
錫爾堡軍營1942年9月10日

⑬西維吉尼亞州
艾金斯

⑪賓州的印第安人鎮
軍事峽谷保留地

⑧亞歷桑納州的沙漠軍營
1943年4-9月

④里奇蒙1942年8月17日結婚

⑩鳳凰市

⑫維吉尼亞州
皮克特基地

①李營區
1942年4月1日入伍

⑨巴克艾教會

③哥倫比亞教會

②⑥南卡羅來納州
傑克森堡基地1941-1943年

⑦路易斯安納州

戴斯蒙於美國本土軍旅遷徙地圖

　　搭上軍用列車前往賓州的印第安人鎮軍事峽谷保留地
（Indiantown Gap Military Reservation）的那天終於到來，大概沒有
人會留戀那片沙漠，大家都迫不及待想找個地方涼快一下，
他們都快忘記涼爽的空氣是什麼感覺了。他們絕對想不到，
有一天他們會非常渴望能再度感受沙漠的熱風，哪怕一點點
都好。

　　列車蜿蜒駛過美國領土，抵達印第安人鎮。抵達後，科斯
納在和戴斯蒙是否拿武器的賭注角力中，取得了最後勝利，他
指派戴斯蒙擔任「常設炊事雜役」，要他負責刷洗鍋碗瓢盆以
及餐桌的工作。清洗這些東西的洗滌水放了鹼液，使戴斯蒙的
手破皮流血且發炎，一碰到東西就痛。

140

戴斯蒙離開亞歷桑納沙漠的營區後，桃樂絲也搬回了里奇蒙。不過，反正戴斯蒙連離開營區的通行證都拿不到，她就算搬到賓州營區附近也沒意義。

★ ★ ★ ★ ★

休假風波

「杜斯，有你的信！」有天晚上戴斯蒙回營房時，士官丟了封信給他，戴斯蒙發現是他爸媽寫來的，心裡很高興，然而，信的內容卻使他感到憂心。「12日那天哈洛德將從海軍休假回家，你有沒有可能也請個休假，在哈洛德駐派到海外前我們全家聚一聚？他會在家裡待一個禮拜。」

戴斯蒙看了一下日曆，發現他如果要見弟弟的話，三、四天之內就得走，戴斯蒙和其他幾個人快輪到休假了，他想應該來得及見哈洛德一面。第二天，科斯納上尉召集了那些可以休假的人，發給他們休假相關的文件。然後他走向戴斯蒙。

「杜斯，你尚未通過槍枝技能檢測，」他說，「照規定，在具備使用武器的能力之前你沒有休假。」說畢便把戴斯蒙手中的休假單搶過來撕掉。那真是一個好大的打擊！戴斯蒙先向軍中牧師申訴，結果不成功，接著他試著向其他軍官請願，最

後他找上了團指揮官。

「長官,」戴斯蒙解釋地說,「我入伍的身分是『因良知而拒服兵役』,應該有豁免權不拿武器。然而,因為我不拿槍,我那一連的上尉不給我休假,我因此無法回家去看我那即將派駐海外的弟弟。請問您可以幫我嗎?」

「杜斯,你老家是在維吉尼亞,對吧!你們那裡出過很多勇敢的軍人,你應該學學他們的榜樣──我看你根本是找藉口,想要混水摸魚吧!」指揮官諷刺地說。「你就忘了什麼『因良知而拒服兵役』的藉口吧!像步兵團的其他人一樣拿起槍。杜斯,我是用很友善的態度提出建議,希望你能改變看事情的角度。」他接著說。

「長官,我好像都沒機會說說我的想法,」戴斯蒙說道。「要是這樣算是友善,那真不知怎樣才叫不友善。」

「好,既然你這樣想,你別想拿到休假,你不配!走吧!」指揮官憤怒地說。

戴斯蒙心裡很難過,他走到了營區販賣部旁的電話亭,撥了一通長途電話回家;是母親接的。

「媽,我是戴斯蒙。我收到妳的信了,但我不能回家。」他哽咽了。「不知道是否還有見到家人的一天?照這樣看來,

有一天他搞不好會被關到牢裡。」他心忖著。通話時間的費用繼續計算著,但他卻站在那裡,握著話筒無法言語。

「戴斯蒙,你怎麼了?」母親問。「你在哪裡?戴斯蒙!」戴斯蒙終於冷靜下來,可以向母親解釋自己的狀況。母親很難過,但愛莫能助,不過,聽到媽媽的聲音已經讓他好過些了。

隔天,戴斯蒙正在廚房裡忙,整條手臂都泡在肥皂水裡,這時有位同袍走進來。「杜斯,士官要你去醫護營本部報到。」

「這回他又想怎樣?」戴斯蒙邊用粗糙的毛巾把手弄乾,心裡邊想著。

當他到了醫護營本部,溫道爾上校說:「杜斯,歡迎,你又回到醫護團隊了。」

戴斯蒙簡直不敢相信自己的耳朵,不過他沒有被高興沖昏頭,仍記得問旁邊的士官:「那我可以拿到休假嗎?」他再次說明,因為弟弟就要出國打仗了,他想把握時間再見他一面。

「不行!你得等輪到你時才能休。」士官說。

「那我能不能改拿通行證?」

「你如果要拿通行證,就沒休假了。」

「也只能這樣了,請給我通行證吧!」戴斯蒙說。

他想要回家。隔天早上,戴斯蒙才知道為何會發生昨天的

事。他父母親接了戴斯蒙的電話後，寄了封夜間郵件給復臨教會華盛頓特區戰爭服務委員會主席卡爾萊爾・漢斯（Carlyle B. Haynes），提到戴斯蒙及他所面臨的問題。

收到信的第二天早上，漢斯打了通電話給印第安人鎮峽谷的團指揮官，問道：「我聽說，你們有位名叫戴斯蒙・杜斯的士兵造成你們一些困擾，需不需要我來了解一下狀況？」

「沒事，沒事！只不過是一場小小的誤會，我們都已經解決了。」當下戴斯蒙就被調回了醫護營。

實情是，指揮官以及他那些找戴斯蒙麻煩的屬下知道，要是漢斯先生真的來這裡調查，他們就麻煩大了。戴斯蒙「因良知而拒服兵役」的身分保障他免於拿武器，他甚至曾在指揮官的桌上看到一封信（**他知道是放在專屬他的那個檔案夾中**），是總司令的羅斯福及參謀長馬歇爾將軍所簽署的，信中有寫到「因良知而拒服兵役者不該被強迫拿武器」，因此戴斯蒙有把握，指揮官是知道這條規定的，要是漢斯先生來查的話，他們就糟糕了。

事情原本看似無望，最終卻往有利於他的方向發展，戴斯蒙明白這是上帝在為他開路，他再次為上帝對他奇妙的看顧獻上感謝。

⑭加州奧克蘭市

⑤奧克拉荷馬州勞登市的
錫爾堡軍營1942年9月10日

⑪賓州的印第安人鎮
軍事峽谷保留地

⑫西維吉尼亞州
艾金斯

④里奇蒙1942年8月17日結婚

⑧亞歷桑納州的沙漠軍營
1943年4-9月

林奇堡

①李營區
1942年4月1日入伍

⑩鳳凰市

⑬維吉尼亞州
皮克特基地

⑨巴克艾教會

③哥倫比亞教會

②⑥南卡羅來納州
傑克森堡基地1941-1943年

⑦路易斯安納州

戴斯蒙於美國本土軍旅遷徙地圖

★ ★ ★ ★ ★

繩結課

第77師的訓練地點遍及各種地形環境。他們待過印第安人
峽谷、維吉尼亞州的皮克特基地,以及西維吉尼亞州艾金斯附
近的山區。剛進山時,他們還穿著卡其褲,但到了目的地,地
上積雪竟已達近18公分深,這時他們真盼望亞歷桑納州的沙漠
熱氣能夠分他們一點!

在山區受訓時的一個經歷,對戴斯蒙日後的軍旅生涯產
生了重大影響,儘管他當時並不曉得。士兵們要學會的重要技
能之一是打繩結,因為要從戰場撤退時可能會需要把人吊下懸
崖、搭繩索渡河、從樹上下來等等,因此繩結打得好不好是攸

關性命的事。戴斯蒙曾參加過教會學校舉辦的青少年福音志工營，那時已有學習如何打繩結，而且他很有興趣。

「杜斯，你繩結打的很好，你來幫忙教教其他人怎麼打。」有天他的上級士官說。戴斯蒙很開心地一口答應。

有次他在教人在一條長繩子的兩端打結，他們打得很好，於是戴斯蒙自己也想練習打稱人結（Bowline knot）。他在繩子的中間繞了兩圈，並以稱人結收尾，結果他發現這樣打會產生兩個圈圈而非只有單圈，而且兩個圈圈都很穩固，於是他決定把這種打法記下來，以備不時之需。

★ ★ ★ ★ ★

空軍基地

第77師（**又名「自由女神」師，本是後備役部隊，戰力一般，被陸軍師所瞧不起，後來在1945年沖繩之戰打出威名，後被尊稱「陸戰77師」。**）成員已經在美國本土集訓兩年多了。他們獲得了完整的訓練，而且彼此間已建立合作默契。現在，是他們將所學的貢獻在第二次世界大戰戰場上的時刻了。

當時他們是在維吉尼亞州的皮克特基地受訓。「你覺得我們會被派往哪裡？」士兵們彼此都在問，但沒人知道。有可能

是歐洲戰場，但也可能是遙遠的太平洋戰場。

有一天，所有士兵都被叫去集合。「把行李收拾好！」他們被告知，「我們後天就要離開美國了。」士兵們的妻子獲准來營區為丈夫送行，於是，在他們要出發的那天，桃樂絲一大早就從里奇蒙趕了過來，戴斯蒙等著上火車，儘管他倆只能握住彼此的手，低聲說「我愛你」，但兩人至少可以在出發前在一起，這就夠了。

「全體上車！」聽完命令後，兩人最後一吻，戴斯蒙和其他人一起上了車，他選了個靠窗的位置坐下，才能跟他的桃樂絲揮手道別。

火車開了，方向是往西。戴斯蒙被叫到放行李的車廂去幫忙削馬鈴薯皮——軍旅生活總有削不完的馬鈴薯。路邊的景物漸漸變得熟悉，他看出火車即將經過他的家鄉林奇堡市。他知道列車會從距離依斯利街父母家很近的地方駛過，也知道爸爸喜歡看火車經過。

「哈囉，大家！」他告訴跟他一起工作的同袍，「我們的列車等一下會經過我家，我爸喜歡看火車經過，請幫我跟他揮揮手。」於是這群大男生收集了幾支拖把、掃把，還有畚箕，站到車門外。當他們進入一名站在門廊的男人的視線範圍時，

就開始向他揮舞起他們手中琳瑯滿目的器具。湯瑪斯先生可能不知道他們在做什麼，更沒想到在這群軍人中有一人竟是他的兒子。

戴斯蒙則去做另外一件事，他找了一張紙，在上面寫道：「我們要打仗了，請為我禱告。愛您們的戴斯蒙。」他把紙捲起來，用剛剛拿來跟桃樂絲揮手道別的手帕綁住，然後把紙捲拋出車外，在第二天——他的爸媽發現了那張紙。

戴斯蒙此時心情非常低落，覺得身邊熟悉或珍視的一切人事物即將離他遠去。火車經過穿越林奇堡市中心的大橋時，他突然有個念頭，不如就這樣跳下去，一了百了，但他知道這樣結束自己的生命，違反了十誡中的第六條。於是，他向上帝做了個簡短的禱告，然後繼續回去削馬鈴薯。

火車開始往下坡走了，於是士兵們明白了，他們是在往西走，意謂著他們最後要去的目的地是太平洋戰區。三天後，列車在加州的奧克蘭市靠站，他們在那裡轉搭運兵船，這艘船將帶他們從金門大橋下方穿過，展開跨越太平洋的航程。

「從沒想過有一天我會親眼見到夏威夷群島。」一位士兵對戴斯蒙說，那時船剛在檀香山（**又稱火奴魯魯**）靠岸，他們兩人站在甲板上。「我也沒想過，」戴斯蒙說，「我想這裡應該是

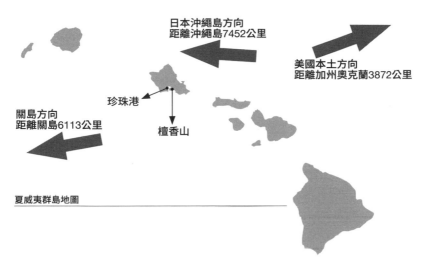

日本沖繩島方向
距離沖繩島7452公里

美國本土方向
距離加州奧克蘭3872公里

珍珠港

檀香山

關島方向
距離關島6113公里

夏威夷群島地圖

珍珠港,就是日本人投下炸彈的地方。」

　　第77師被帶到離檀香山較遠的另一端登陸,並在山丘上紮營。抵達的第一個星期四晚上,戴斯蒙正坐在他的舖位寫信給桃樂絲,突然聽到一個聲音說:「你去空軍基地。」他不理它,過了一會,他又聽到了同樣的聲音,他不知道這代表什麼,不過還是把寫了一半的信放下,來到醫護站。

　　「請問能不能給我一張去空軍基地的通行證?」他問。

　　「你有認識那裡的人嗎?」士官問。

　　「沒有。」

　　「嗯,我實在不知道你去那裡是要做什麼,但你就去吧!不過要在十點半前回來。」士官說著,遞給他一張通行證。

其實戴斯蒙連空軍基地在哪都不知道，他踏上通往公路的泥土路，但到了公路口卻不知道要往哪個方向走。他往右轉，遇到一輛軍用車願意讓他搭便車。「你要去哪？」司機問。

「空軍基地。」戴斯蒙回答。

「大兵，那你最好下車，往那個方向去。」司機指著另一個方向說。

於是戴斯蒙下車，最後終於找到了空軍基地。他決定先去辦公室問看看這裡是否有復臨教會的教友。「請問你們這裡有人是基督復臨安息日會的信徒嗎？」他客氣地問道。

「我沒聽說過！大兵，你要不要去那邊的醫護站問問？他們可能可以幫上忙。」戴斯蒙找到了醫護站，這次換了個方式問：「請問你們知道有誰是每週六離營去上教堂的嗎？」

「我沒認識這樣的人！」櫃台的人說。

就在這時，一位軍官進來了，他聽到了戴斯蒙與櫃台人員的談話。「沃姆每個禮拜六早上都會去某個地方，也許他就是你要找的人。他在我們的牙科治療室工作——就在那邊。」

戴斯蒙找到了沃姆。沒錯！他是一位復臨信徒，他知道火奴魯魯的復臨教會在哪裡，而且每個禮拜他都會去。兩個人相談甚歡，相約下週戴斯蒙要來找沃姆，一起去教會。

　　戴斯蒙告辭時，看了一下手錶：10點15分了！十點半是一定來不及了。最後，他於10點45分回到營區。

　　「站住！你是誰？」守衛問道。

　　「一等兵杜斯，長官。」戴斯蒙答道。

　　「杜斯，你搞什麼鬼，這麼晚還待在這邊？」

　　「我拿通行證去了空軍基地一趟，結果回來的時間比我預期的晚，對不起！」戴斯蒙道歉。

　　「好吧！趕快逃回你的營帳。小心不要被別人發現，否則我們兩個都會有麻煩。」

　　隔週五，戴斯蒙再度來到醫護站領取他的通行證，輪值人員正好是上次的那位士官，戴斯蒙很有禮貌的詢問他，是否可以發給他一張通行證，讓他去上教會。

　　「杜斯，世界上有沒有哪個地方是復臨信徒還沒有建立教會的？」士官打趣道。

　　「恐怕不多，士官，我們的教會遍布全球。」

　　戴斯蒙和沃姆下士在火奴魯魯的教會和其他教友們共度了美好的一天，戴斯蒙認識了其他陸軍以及海軍和空軍的弟兄。他還認識了一位很照顧他們的平民牧師「孟森爸爸」──他總是稱這些士兵為「我兒子們」。

「孟森爸爸」很受士兵們的歡迎，他還會發表「粉筆證道」，一邊講道一邊在黑板上寫寫畫畫，他們都很愛聽。有次他畫了一名醫護兵正在照料一位受傷同袍的圖，上帝在天上看著，並露出讚許的神情，戴斯蒙非常喜歡這幅畫。幾年後，「孟森爸爸」也為戴斯蒙畫了幾幅畫，描繪同樣的情景，供戴斯蒙在受邀演講時展示給聽眾看。

★ ★ ★ ★ ★

啟程

很快的，第77師即將整裝出發，告別夏威夷怡人的氣候、可愛的人們，還有香甜的鳳梨。這次，他們搭上的運兵船將繼續西行，航向更遠的地方。

和上次一樣，士兵們不知道目的地為何處。戴斯蒙就是在這艘船的甲板上佇立，憶起他的童年和成長過程中的重要時刻。

The United States Army

MEDAL OF HONOR
THE NATIONS HIGHEST MEDAL FOR VALOR

第 13 章
關島及雷伊泰島

　　1944年7月9日，一隊運兵船駛離了珍珠港，繼續往西航行。搭乘這艘船的是第77師，即自由女神師，隨行的有驅逐艦。整個船隊蜿蜒而行，盡可能防止日軍在海上突襲。

　　幾天後，船越過了國際換日線，又過了幾天，抵達馬紹爾群島的埃內韋塔克環礁，到了那裡後，他們接獲指令，繼續往關島前進。第77師終於要真槍實彈上戰場了。

　　「我不知道應該要興奮，還是恐懼。」戴斯蒙向一名同袍說。

　　「兩者都是。」他答道。

　　這場爆發於1941年12月7日，起因由日軍轟炸夏威夷珍珠港所引發的戰爭，至今已邁入第三個年頭。大家心裡都明白，12月7日那天之前，美國根本就沒準備要投入戰爭，但從那天起，整個國家突然被捲進一個急速動員的戰爭機器，需要大批生產製造各式各樣的船艦、坦克、軍用車輛、彈藥；男性須接受軍事訓練，為進入陸軍、海軍、海軍陸戰隊、空軍服役做準備；徵兵系統也開始啟動，「不論你想不想，都得上戰場！」；民眾日常生活所需的糖、油、汽油以及其它物資都採配給制。

　　日軍除了轟炸珍珠港之外，也很快佔領了關島、菲律賓、硫磺島，以及其他太平洋上的島嶼。兩年半後，美軍準備要將

這些島嶼一個一個收復回來──但這絕非易事！日軍在當地的
勢力已經根深蒂固，完全沒有打算要撤走的意思，要讓日軍改
變心意，眼前就有一場硬仗要打。許多美軍在這些戰役中失去
了生命，更別提有多少人受傷了（**沖繩戰役被認為是第二次世界大
戰規模最大的海陸空聯合戰役，也是美軍死傷人數最多的，戰況持續數月之
久，美軍死傷人數估計超過5萬人，日軍損失10萬兵力，沖繩當地居民至少15
萬人喪生**）。負責照料這些受傷士兵的是戴斯蒙以及他的醫護兵
同袍。

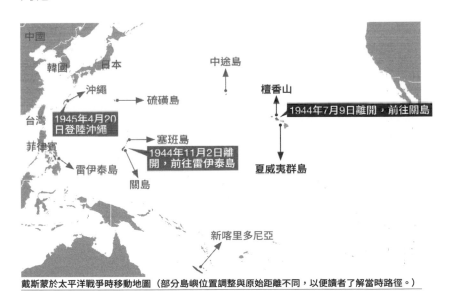

戴斯蒙於太平洋戰爭時移動地圖（部分島嶼位置調整與原始距離不同，以便讀者了解當時路徑。）

　　關於關島的戰役，事隔多年後，戴斯蒙聽到了一個很不可

思議的故事，他始終都不確定它是不是真的，但不無可能。當時，一位復臨教會的牧師察覺到有人在監視自己的行蹤，但他不知道是誰，有一天，跟蹤他的人現身了。

「先生，你對關島熟嗎？」那位陌生人問。

「是，還算熟。」他謹慎回答。

「麥克阿瑟將軍有事想請教您。您願意跟我一起去見他嗎？」那人低聲問。

他們來到麥克阿瑟將軍的總部。將軍問道：「你了解關島那裡的情況嗎？如果我們要去關島跟日本人打仗，你會建議我們從哪裡登陸？」

「肯定是阿加特灣，將軍，不會有其他選擇！島上其他任何地方都佈滿了懸崖。但容我提醒您，阿加特灣當地有日本重兵重砲駐守，日軍在那裡佈署的相當嚴密。」牧師答道。

將軍將關島的地圖仔細研究了一番，並和牧師討論整體情勢，接著他問：「你為何對關島那麼清楚？」

「將軍，我是基督復臨安息日會的牧師，在關島待了很多年，對整個關島非常熟悉，後來日軍進攻關島，美國人只得趕快撤離。」因為這個原因，第77師來到了阿加特灣。

★★★★★

登上關島

「弟兄們,抱歉,我們最多只能在這裡靠岸。」船員告訴士兵們,「再過去船就要擱淺了。」

士兵們都分配到大量彈藥,不過在滑入深度達到腋下的水中時,他們得先把彈藥頂在頭上。戴斯蒙雖然沒有彈藥,但還是有很多急救器材及繃帶要搬運,一樣不能讓它們被弄濕。最後眾人終於踏上陸地,但沒人知道接下來會發生什麼事。

登陸關島第一個讓他們措手不及的是雨:下雨、不斷下雨、大豪雨!等他們上岸時,雨水已經把泥土地變成了爛泥坑;當他們繼續爬上山坡,爛泥坑則成為了泥濘,讓他們的腳都抬不起來。「穿著軍裝的士兵看起來應該是高挺敏捷,對吧?」至少在大部分人的想像中軍人是這樣,但這些全身溼透且沾滿爛泥的士兵們,跟敏捷完全沾不上邊。他們跌跌撞撞行過爛泥時,畢生所知的髒話全都派上用場了。

戴斯蒙覺得不需要如此咒罵,跟蹌走過深達膝蓋的爛泥時,一首詩歌《基督精兵前進》,他輕聲哼給自己聽。

「這是你們的K口糧,各位。夠吃三天了——可以撐到我們拿下巴里加達(Barrigada)!」中尉宣布。「你們知道為何拿

下巴里加達那麼重要嗎？」

「不知道，長官。為什麼？」幾位士兵問。「因為那裡有一口很好的井。你們一直以來都是只要有水就將就著喝，儘管有用淨水錠處理過，但還是很多人腸胃不適或得到痢疾。我想，如果有乾淨的水喝，情況應該會改善很多。」

K口糧主要的內容是豆子和培根，或培根和起司。戴斯蒙不吃肉，更絕不碰豬肉做成的食品，因為他知道《聖經》的利未記有記載這些食物是不潔淨的。如此一來，他能吃的食物種類就很有限，除了所謂的「狗餅乾」 **(指營養口糧硬得像是給狗磨牙的餅乾)** 或有時偶然可摘到的椰子。不曉得是不是真的，不過士兵們流傳著一種說法，就是那些「狗餅乾」和 C口糧、K口糧都是第一次世界大戰吃剩留下來的。

上岸後的第一晚，他們從泥濘中挖出一個個壕坑，躲在裡面睡覺。他們很感謝有一台大砲朝著躲藏在他們後方山區的日本兵持續發射，不過大砲所發出的轟天巨響，讓他們覺得快被從藏身的壕坑震飛出去，那晚沒有任何人睡得著。

第二天，士兵們密切注意著是否有敵軍出現，結果他們果真看到前方不遠處出現了幾名士兵！於是他們開始開火，而對方也予以回擊——直到彼此發現對方同為美軍，這虛驚一場的

戰役還沒開始就結束了,至少在有人受傷前就終止了。

　　稍晚的時候,他們在行軍時看到路邊有一座教堂失火了。他們得知這座教堂曾被日軍拿來當作彈藥庫,兼作戰指揮部,美軍飛機後來轟炸了這棟建築,裡面存放的彈藥因此起火爆炸,幸運的是教堂爆炸時離他們夠遠,沒有造成任何傷亡。

　　第二天他們繼續朝巴里加達挺進,然而,由於路上遭到日本狙擊手的襲擊(**有時還會碰到坦克攻擊,或有日軍從地洞裡持機關槍掃射**),抵達巴里加達的時間比預期的晚,士兵們開始抱怨肚子餓,包括戴斯蒙。

　　他們最後終於抵達目的地,並在那裡和一個海軍陸戰隊的單位整併。海軍陸戰隊在巴里加達吃得很好,不須倚賴C口糧或K口糧,因此把C口糧或K口糧都扔到垃圾堆了。海軍陸戰隊說要為他們準備好吃的,但還沒煮好。丟棄的C口糧或K口糧倒是現成的,很多士兵在等好料時,先撿了一、兩包口糧充飢,因為實在是餓扁了!戴斯蒙也找到他能吃的東西,先開動了。這玩意兒還真難吃啊!他心想。食物可能是壞了,結果等到好料終於上桌時,他卻覺得腸胃不適,無福享用了。

★ ★ ★ ★ ★

暗夜驚魂

「根據我們的判斷，前方山頂有一個日軍的哨所，因此要上去把它清除掉。」士官對自己所屬的士兵們小聲地說。「走吧！很快就要天黑了，希望能趁著白天把任務完成，就不用擔心天黑後有日軍出沒。」

這群士兵及隨行的醫護兵戴斯蒙沿著山徑往上爬，不久就看到4名日本兵跑過山丘，這4人很快就被解決掉了，但他們無法預期哪裡還會冒出更多日本兵。天很快就黑了。

士官告訴士兵們：「弟兄們，我們就在山路邊過夜吧！希望附近沒有日本兵；但要小心，因為可能還是會有埋伏。」過了一會，當戴斯蒙坐在地上，想放鬆一下時，他感覺到有什麼東西靠近。

「站住！」他喝道。還沒來得及補上一句「是誰？」時，某個尖銳的物體就刺進了他的肩膀，然後是頭部。是刺刀嗎？感覺很像。「喵嗚…喵嗚！」原來是一隻黑貓在用爪子抓他。一開始他被嚇的半死，等到發現是這隻老兄，他不禁捧腹大笑。

★ ★ ★ ★ ★

關島的下一站

這場應聯軍要求將關島由日軍手中奪回，移交美軍的戰役一直持續到八月中，之後，士兵在島上駐紮了一段時間，繼續巡守。在關島的天氣既晴朗又溫暖，對他們來說，這算是在戰爭中暫時享受的太平日子了。

戴斯蒙也過了幾天快活的日子，可以休息一下，睡個好覺，寫信給桃樂絲，以及閱讀桃樂絲給他的小本《聖經》。只是他感冒了，大部分的時間都感到很疲倦（**很久以後他才發現，當**

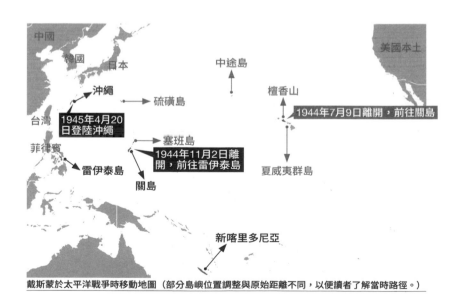

戴斯蒙於太平洋戰爭時移動地圖（部分島嶼位置調整與原始距離不同，以便讀者了解當時路徑。）

161

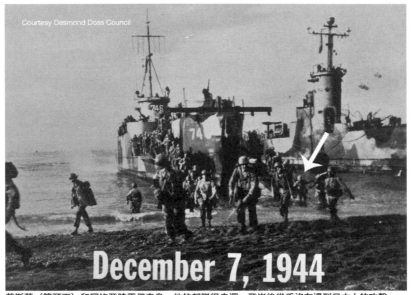

Courtesy Desmond Doss Council

December 7, 1944

戴斯蒙（箭頭下）和同袍登陸雷伊泰島。他的部隊很幸運，登岸後幾乎沒有遇到日本人的攻擊。

時他可不是單純的感冒）。休息幾天後，他覺得好多了，再度登上運兵船時，他又有體力承擔醫護兵的工作了。

　　整個軍隊於十一月二號搭船離開關島。船往南開，他們聽說目的地是新喀里多尼亞。他們會在那裡先休息一陣子，輕鬆一下，直到再次被派往某個地方作戰。

　　航程中，太平洋就如它的名字一樣，非常的平靜無波。幾天後，船跨越了赤道，進入南半球。運兵船本來一直往南走，有一天卻突然轉向，往西北的方向駛去。原來麥克阿瑟將軍透

過廣播宣佈，他們被徵召往雷伊泰島（**菲律賓群島中一個面積較大的島嶼**）。於是運兵船在雷伊泰島的東岸停靠，接著又繞島一圈，抵達西岸。

「我們要上到雷伊泰島西北，歐馬克河流經的地區。」士兵們被告知日軍在該區的防守固若金湯，有經驗的老兵都知道，眼前將是一場硬仗——他們想得沒錯，戰事越慘烈，醫護兵的責任就更重大；他們要照顧受傷的兵士，並將傷者用擔架帶回醫護站。

★ ★ ★ ★ ★

葛林與史克特

有一天，B連正在往另一個紮營地行進，戴斯蒙跟在大家身邊時，一位步兵來到他面前。「你知道葛林受傷了嗎？」

「不知道，」戴斯蒙回答，「他人在哪裡？」

「在那邊的山頭上。」士兵指向一座山。

其他士兵聽到兩個人的談話，都停下了腳步。「我要去把他帶回來，」戴斯蒙問，「有人要跟我一起去嗎？」

「我跟你一起去！」赫伯·史克特說。戴斯蒙知道史克特是猶太人，相信「預定論」（predestination），應該會願意跟他

一起去別人不願去的地方。維爾能上尉另外找了5名士兵與他們同行，作為後衛；因為他們要去的地方缺乏掩護，需要有人保護他們的安全。

山丘上有兩個人受了傷，需要救援——除了葛林以外，另一位士兵是葛林原本的救援對象，他受了傷，葛林來幫忙。戴斯蒙蹲低身子，跑向那名傷兵，而史克特則是跑向葛林。

那名年輕的傷兵的額頭受了傷，傷勢嚴重，血從傷口經由臉頰流進眼睛，並在眼睛凝固。戴斯蒙從急救箱拿出繃帶，從軍用水壺裡倒了點水把它浸濕，然後用水幫他把血洗去。

一瞬間，士兵露出了笑容，臉上煥發光采，儘管他們的周遭危機四伏。「我以為我瞎了！」他說。戴斯蒙永遠都忘不了那個微笑，這讓他覺得對其他士兵的付出都值得了。年輕的士兵爬過了一個土坡，接應的士兵把他帶到醫護站。然後戴斯蒙把注意力轉向葛林。「他的情況怎麼樣了？」他向史克特喊道。

「傷得很重，仍在昏迷狀態，但還有生命跡象。」史克特回答。顯然，附近有日本兵聽到有人在說話，他們向聲音來源方向開火。史克特跳起來，拔腿就跑。

「趴下，史克特！臥倒！」戴斯蒙大吼。

史克特倒下的動作實在太像真的了，戴斯蒙還以為他是真

的中彈倒地，於是迅速地爬過去檢查他的情況，發現他並沒有受傷，心裡的高興真是難以形容。「史克特，我們不要再講話了，」戴斯蒙小聲地說，「頂多用耳語。」

現在的問題是，能為葛林做什麼。他身形壯碩，噸位不輕。兩位醫護兵脫下他的雨衣，將它鋪在地上，然後把葛林推到上面，將他拖往醫護站。他們身處沒有掩護的地帶，拖著葛林的同時，還得盡量蹲低身體，靠近地面，途中還曾一度必須將葛林從一名日本兵的屍體上拖過去。後來，他們來到一個長滿矮林的地帶。「我想這裡我們可以站起來了。」戴斯蒙說。

他再次檢查葛林的情況。儘管他仍處昏迷狀態，但還在呼吸！那幾名後衛就在旁邊，於是戴斯蒙向其中一位借了彎刀，又砍了兩根竹子，然後，他們把雨衣綁在竹竿上固定，然後在兩名後衛的協助下，繼續前進。天氣炎熱，戴斯蒙感到筋疲力竭，但擔架上躺著的是他的朋友，因此他繼續奮力前進，直到抵達紮營地點。

這時，戴斯蒙再次檢查葛林的情況。他好像停止呼吸了！他試著測他的脈搏，沒有脈搏！克拉倫斯・葛林就這樣死了！

譚恩醫生見戴斯蒙疲憊不堪，失魂落魄，於是給了他幾顆藥丸，要他服下後回去休息。這些藥丸讓他睡得不省人事，直

到隔天才醒來。醒來時，他仍不忘感謝上帝，在如此極端危險的情況下保守他的生命。

失去摯友對戴斯蒙是極沈重的打擊。從那件事以後，他依舊全力救治每一個受傷的士兵，但他盡量不看他們的臉，只因不想再看到任何一個好朋友離開他。

隔了一陣子，有一天史克特和杜斯在用擔架運送一名士兵，正當他們渡過一條河，準備要爬上堤岸時，一名狙擊手的子彈突然飛來，與戴斯蒙擦身而過，擊中史克特，他應聲倒地不起。

「快來幫我！」戴斯蒙向附近一輛載運擔架的吉普車上的幾名士兵喊道。一名士兵跑過來，幫戴斯蒙把他和史克特原先搬運的士兵抬到吉普車上，然後帶著另一具擔架回到史克特身邊。正當他們把史克特抬上吉普車時，日軍用機關槍向他們掃射。士兵們急忙跳上車，戴斯蒙只來得及將史克特的擔架猛推一把，使它稍微推入車子裡一點，而他自己的指尖才剛剛勾住車子後方，車子就開了。

回醫護站的車程，戴斯蒙覺得大部分時候他好像是在用飛的，卻又一路平安，他為此心存感激，但赫伯‧史克特再也沒醒來，又有一名優秀的軍人、好友離開了他們，戴斯蒙不忍再

想這件事。

★★★★★
兩位傷兵

戴斯蒙跟在作戰的軍隊旁邊時，他總是盡量保持在整個隊伍從前面數來約三分之二的位置，這樣他比較容易發現有誰受傷了，能儘速趕往救治。有天，他一樣跟在隊伍旁邊走，不知不覺中，他發現自己走到了隊伍的前頭。

這時，旁邊一位士兵突然吼了一聲，抓著自己的腳，「噢，好痛！」他說。戴斯蒙停下來檢查他的腳，子彈將他的腳打穿了一個洞，他用繃帶把傷口裹起來。

「弟兄，聽著，我們最好幫你注射一劑嗎啡，這可以讓你的腳不那麼痛。」戴斯蒙建議道。

「不，我不需要，真的沒有那麼痛啦！」那名士兵表示，說著就離開，自行往醫護站的方向走去，戴斯蒙於是繼續跟著其他士兵往前走。他實在很想給他止痛，但他從不勉強人，因為他知道那只能帶來暫時的麻痺，藥效過後，疼痛的感覺會更強烈。

過了沒多久，又有一名士兵受重傷。他的腹部遭受攻擊，

戴斯蒙一眼就看出他傷得很重，子彈將他的腹部撕裂出一個大洞，腸子都跑出來了。戴斯蒙向來堅持，不論情況看來多絕望，他都會盡他所能的救治對方，於是他將腸子推回去，並在傷口上覆蓋了一大塊戰鬥包紮用的紗布繃帶，然後讓擔架兵將他帶回救助站，雖然戴斯蒙認為他可能撐不到醫護站了。

第二天，戴斯蒙去醫護站補充一些繃帶，於是順便問了昨天那兩位傷兵的情形。

「噢，腳上被打出一個洞的那位士兵嗎？」醫生平靜地說，「他走了！」

「怎麼可能！」戴斯蒙吃驚地說。「他沒傷得很嚴重啊！怎麼會這樣？」

「我也不確定，我猜可能是驚嚇過度。你也知道，這種情況有時會發生。」醫生說。

「那麼腸子跑出來的那位呢？」戴斯蒙又問道。

「他們在醫院為他開了刀，據我所知，復原情況良好。」醫生淡淡地回答。

戴斯蒙簡直不敢相信，但後來他在軍方所舉辦的活動有時會碰到此人。他總愛對戴斯蒙說：「我可以證明你曾經照顧過我。」然後指指橫跨腰部的一條疤。

★ ★ ★ ★ ★

狙擊手

地點同樣還是在雷伊泰島。有一天,有名士兵受了傷,倒在水田邊,戴斯蒙準備前去救治時,幾名士官叫住他。「別傻了!先找掩護,等砲火緩下時再出來吧!那邊有名狙擊手,我們還沒解決他。你非去不可嗎?」

「我要趕快去,否則他可能等不到我過去就沒命了。」戴斯蒙說。他衝到那名士兵身邊,處理他的傷口,然後叫了擔架兵過來,他們迅速把他推上擔架,帶往醫護站。

等他回到士官們那邊時,他們告訴他:「杜斯,我們擔心你隨時都會被殺;我們想解決掉那名狙擊手,但如果這樣做,將會波及我們的人。他的機關槍就對著你,你沒看到嗎?」「沒有,我沒看到。」戴斯蒙驚訝地表示。又一次,他感謝上帝再度保護了他。

三、四年後,日本的一名傳教士正在傳講戴斯蒙這段經歷時,有一名坐在後排的日本男人告訴教會執事:「那名日本狙擊手很可能是我,我當時人就在那個地點。我記得,當時有名美國士兵在我的射程範圍內,但我卻無法扣下板機。」當他們想要找那個人詢問進一步的細節時,卻發現他已經不知蹤影了。

★ ★ ★ ★ ★

雷伊泰島

在雷伊泰島的時候，戴斯蒙常感到很虛弱。他們當時是在叢林裡前進，掃蕩日軍的勢力，每行軍50分鐘，休息10分鐘。戴斯蒙發現他無法跟上隊伍，等他終於趕上了，他們又要開拔了，於是大部分時間戴斯蒙都是在落單的情況下，一個人穿越日軍環伺的危險叢林。要不是有上帝的保護，他極有可能會喪命。

當軍隊抵達了海灘上一處休息的地點時，士兵們都在休息，然後開始玩起遊戲。但戴斯蒙沒有加入他們，他只是大睡特睡，要不是吉姆・杜利斯拿食物來給他吃，他也許連吃飯都免了。經過這一番休息後，他又有體力可以重新出發了，他知道是上帝在照顧他的需要。

雷伊泰島對戴斯蒙並不仁慈，失去兩位摯友是難以承受的打擊。他只有在向上帝禱告時，才能得到承擔如此傷痛的力量和安慰。

The United States Army
MEDAL OF HONOR
THE NATIONS HIGHEST MEDAL FOR VALOR

第 14 章

沖繩

「這就是沖繩嗎？它看起來不大！」一位士兵說。

「不是，我想這只是沖繩附近一個叫伊江島（Ie Shima）的小島，Shima是『島』的意思。我記得附近好像還有另一座島嶼叫座間味島（Zamami Shima）。」另一位回應道。

恩尼・派爾此照片攝於他（箭頭下）死前10天於1945年4月8日在沖繩島時。

另一位士兵也加入談話，「嗯，我剛聽說恩尼・派爾（Eynie Pyle, 1900-1945，**是著名的美籍新聞記者，被譽為『第二次世界大戰最偉大的戰地記者』，1944年普立茲獎得主，1945年在伊江島採訪時，被日軍機槍手擊殺。**）不知是昨天還是前天，就在這個伊江島被殺了，他是名優秀的戰地記者。這真是個噩耗，他總是跟在士兵旁邊，忠實報導戰場上發生的第一手消息。」

有幾天時間，第77師待在船上，停留在沖繩一帶的海域。但4月20日那天，他們登上了沖繩本島。第77師多了不少新招募的士兵，因為在關島及雷伊泰島的戰役中折損了太多同袍。**（戴斯蒙所屬的步兵團是接替嚴重傷亡的96師防線，77師是在攻略戰後期才**

1945年4月,美國軍艦登陸沖繩島西南岸。

加入這場血戰,96師4天激烈血戰卻只能前進幾十公尺,日軍仍盤據高地。)

　　當他們在沖繩登陸時,聽說了一個令人心痛的消息。原來,日本人告訴島上居民,美國人來到後,會用兇殘的手段對付他們,強暴他們的婦女,殺死小孩子。日本人叫他們藏起來,甚至要他們自己先自殺,以免落入這些「殘酷老美」的手中。許多母親信了,當美軍登陸時,他們發現跡象顯示,有媽媽先割斷孩子的頸項,自己再自殺;有些人則是把孩子從高崖推落海中,自己跟著跳下去;有幾百人因此失去生命,而沒有

伊江島

沖繩島

前田高地

這樣做的人很快就發現，美軍並沒有日本人描述的那麼殘忍。

橫亙整個島嶼的是一道約120公尺高的斷崖，名為前田斷崖／高地（Maeda Escarpment，因為鄰近前田村，故稱為前田斷崖，而斷崖的南坡就是鋼鋸嶺，而崖上的針尖石needle rock就是戴斯蒙的步兵師之主要攻略陣地，它的位置正處於鋼鋸嶺的俯瞰之下，因此對於美軍而言，可謂肘腋之患不可不拔。）。這斷崖的正面幾乎是和地面垂直，崖頂從這一頭到另一頭有70到90公尺寬的空間，地勢才會繼續向下垂降。

當時美軍還不知道，日軍的的勢力已深入這座大斷崖的中心地帶，斷崖中有深達兩、三層樓的防空洞，不同樓層間有樓梯相通。77師在這約120公尺高的崖前紮營，他們的任務是要將崖後及崖頂的日軍全數殲滅，他們能想像這會是多艱鉅的任務。（鋼鋸嶺之役是日本本土前的最後一道防線，對於日軍而言，一旦沖繩失守，日本本土、朝鮮、中國沿海的制海權、制空權將全部喪失，因此日軍有著前所未有的抵抗決心。為了爭奪這個位於懸崖上的小小台地，美軍相對地也付

出了相當慘重的代價，最後更直接影響了美軍使用原子彈的決策。）

身為醫護兵的戴斯蒙原本不須參與守衛的工作，但見同袍們因為歷經苦戰，睡眠嚴重

美軍戰鬥機不斷轟炸前田高地（箭頭下）。

不足，他自願有時加入守衛的行列。有一次，他和另一名士兵在靠斷崖底部的區域擔任守衛，他輪第一班，過幾小時要交班了，於是他把另一位同袍喚醒，但他很快又睡著了。

然後戴斯蒙聽到了一個聲音！他們旁邊有個很大的坑洞，坑洞中傳出說話的聲音——他們不是在講英文！在戴斯蒙和同伴伸手可及的地方就有幾顆手榴彈，他知道，只要他把手榴彈丟下去，這些日本人就會變作一堆屍體，戴斯蒙從來沒有像此刻一樣有這麼強烈想殺人的欲望。

他相信，如果那些日本人向他投擲手榴彈，而他趁它還沒爆炸前把它丟回去，他這樣做是完全站得住腳的。然而他覺得，以他「因良知而拒拿武器」的身分，卻對著坑口丟手榴

彈，導致敵人喪命，將使他所想要宣揚的信念遭受質疑。他戳戳另一位共同守衛的士兵，把他弄醒，因為他睡著了在打呼，戴斯蒙怕日本人會聽到，但那士兵很快又睡著了。於是，戴斯蒙只好盡可能移到離洞口遠一點的地方，接下來整個晚上，他都在祈求上帝的保守。他的禱告再次得到回應，他又一次平安無事。

這道懸崖的前110公尺儘管陡峭且崎嶇不平，攀登起來相當辛苦，起初士兵們還爬得上去，但到了靠近頂端的最後9～10多公尺處，崖壁簡直就是垂直而上，靠頂端的地方甚至往外突出約一點五公尺。

後來，中尉葛恩托請戴斯蒙幫忙。「杜斯，你們幾個人能不能把那邊海軍運送貨物的網子拿過來，將它編成一條梯子，用來攀登最後9～10公尺？我覺得你可以用這些標準規格的木片（一般建築用木材的標準規格為寬約10公分，厚約5公分）把繩子串接起來。」

「是的，長官。我們試試看！」戴斯蒙說。他們將貨物網拼接成繩梯，綁在崖頂邊緣的珊瑚礁岩上，而其它士兵用附近找到的石塊在崖邊築了道牆，算作是掩護他們，聊勝於無。

「做得很好，大家。」中尉說，「這樣我們上下就方便太

多了，也會比較安全——我希望。」

1945年4月29日，對前田斷崖的進攻正式開始。士兵們爬上崖頂後，雙方即展開戰鬥。戴斯蒙他們面臨的一大考驗是，日軍對這裡的地理環境瞭若指掌，他們挖出來的壕溝和地洞，美軍有時根本無從辨識。這裡的地形看似自然形成，美國人不會起疑心，其實暗藏了對準了他們的一把把槍枝。

羅培茲（Henry D. Lopez）在他的著作《從傑克森堡到日本》裡寫道：「美軍試圖攻取的日本佔領點中，沖繩的守備是當中最嚴密、最難攻破的。該島的地形包含了無數的小丘、懸崖，以及珊瑚礁岩及石灰岩所構成的海岬……極度易守難攻。」

★ ★ ★ ★ ★

奇蹟之日

「好，弟兄們，我們今天要再度攻上崖頂。貨物網做成的梯子已經搭好，上崖會變得容易些。你們有充足的彈藥支援，請大家加油！」葛恩托中尉在登崖前一刻如此指示。

戴斯蒙走到葛恩托的面前。「中尉，」他說，「我相信，若想要求得平安，世上沒有比禱告更好的方法。大家在上崖之前，應該做個禱告。」

「各位，」葛恩托喊道，「請到這裡集合，杜斯要為大家做個禱告。」

戴斯蒙其實不是這個意思！他只是覺得應該提醒大家上去之前應該為自己禱告，畢竟，沒人知道自己是否能活著回來。但葛恩托既然這樣說了，戴斯蒙真的就開始為大家禱告：「親愛的天父，」他說，同袍們圍繞他旁邊，「今天求祢祝福我們。請與中尉同在，讓他能給出正確的指令，因為眾弟兄的性命皆仰賴他。也求祢幫助我們遵守命令，讓我們能夠活著回來。最後，主啊，求祢讓我們每個人在爬上網子前與祢和好。感謝主，阿們！」

從前田高地頂端俯視，可以看到這個通風坑道。日軍用梯子在坑道內爬上爬下。

禱告完畢，所有人開始爬上崖壁，攀上網梯。他們幾乎是一抵達崖頂就被制住，無法再前進。在附近和他們一同作戰的A連遭遇猛烈的反擊，他們當中最先爬上崖頂的人已經犧牲。這時，無線電傳來指揮部的聲音，詢問B連的傷亡情形。

戴斯蒙答道，目前尚無傷亡。於是上面指示，B連得自行攻

下整個崖頂，因為A連幾乎已經全數被殲滅。山姆大叔（**山姆大叔是美國的綽號，這裡是指美軍總指揮部。**）有時為了達成重要目標，不得不以人命當作代價，而前田斷崖就是所謂的重要目標。

於是B連登上崖頂，向前挺進。他們攻破了約八、九個日本的碉堡，但奇蹟般的，B連竟連一人都沒折損──僅有的傷者是被一塊石頭擊中手部。這場戰役打得實在太漂亮，總指揮部很快就得到消息，消息甚至傳回美國本土。

「你們是怎麼辦到的？」每個人都好奇地問。B連的士兵則會簡短地回答：「因為杜斯的禱告！」

第二天，通信部隊的一個人來到B連的紮營地點。「我們都聽說了你們昨天的事蹟。請問我可以照張相嗎？」

「沒問題！」葛恩托說，「杜斯，你爬到崖上，讓他照張相。」戴斯蒙對那個人說：「請跟我一起爬上來。」

「我想還是算了，我沒有在那裡遺失什麼東西，所以也不想要上去。」那人如此回答。

★ ★ ★ ★ ★

榮譽勳章之日

攻上斷崖的時機再度來臨，儘管在戰火連天的年代，有時

戴斯蒙・杜斯（箭頭處）站在前田高地的崖頂。他就是在這個地點為兵士們禱告，結果全連無人喪生，僅有一人受傷——他的手被石頭砸到。照片中的繩子就是他隔日將約75名傷兵垂降下懸崖所用的那條繩子。

不易記得哪件事發生在哪一天，但根據其他幾個資料來源，那天應該是5月5日，安息日。

　　那時戴斯蒙正在讀他的《聖經》，維爾能上尉走過來跟他說：「杜斯，你今天願意上崖頂嗎？你也知道，我們只剩你一個醫護兵了，我們非常需要你。」

　　「是，上尉，我願意。但想請問，我可不可以先完成個人的靈修？」戴斯蒙問道。

　　「好，我們等你！」上尉耐心地答道。

　戴斯蒙正在讀他的安息日學課，當次的主題是關於跟隨耶穌。他研讀完畢，低下頭來禱告了一會兒，然後，他覺得準備好了，可以跟大家一起出發了。他猜這時離維爾能剛問他大約隔了10分鐘，後來有人告訴他，其實他讓大家等了約半小時，不過，反正也沒人急著想上去面對另一場戰役，因此大家都很高興他拖延了出發的時間。

　當時他們的心態是，最辛苦的戰役已經過去，今天只是清清場。戴斯蒙再次提議要禱告，但維爾能說：「抱歉，杜斯，我們已經要出發了。」於是沒人再提禱告的事。

　B連剩下的155人攀上了懸崖，他們沒想到馬上就面臨最血腥的戰鬥。最糟的情況竟發生了，有個日軍的據點他們怎麼攻不破，美軍將「包式裝藥」（袋裝黃色炸藥）拖進了那個日軍的據點，但炸藥還沒來得及引爆，敵人就把引信拆了。最後，幾個人合力把19公升的桶裝汽油拖到了日軍的地洞邊倒入，然後菲利普中尉投入一枚白磷彈。

　結果，產生的爆炸威力超出了他們的預期。地洞本身固然被炸得面目全非，但也造成地洞下方的山坡發生了更大規模的爆炸。會造成這種結果，顯然是因為在汽油點燃時，不只是他們倒入的「高爆彈藥」全被引爆了，連山坡地底深處的彈藥庫

也一起被引爆。

接下來發生的事更是完全出乎他們的意料之外。日軍突然從四面八方的地洞和壕溝裡鑽出來，也許日軍覺得這是背水一戰了。日軍人數之多，又是自殺式的打法，美軍如果還不趕快撤離崖頂，無異於自殺。（**日軍在鋼鋸嶺做了大量地下防禦工事，鋼筋混凝土地堡、縱橫交錯的坑道和地洞，配合密集的交叉火力進行不斷負隅頑抗。**）於是士兵們奉命撤退，本來撤退時應該是要講求秩序，但他們最後卻亂成一團。

戴斯蒙一直留在同袍身邊，直到他們全數撤守。可是，那些東一個西一個倒在崖頂的傷者怎麼辦？他無法留下他們，自己一走了之，他心知他們也都有父母妻兒在家裡盼著他們歸來。

他往最近的傷兵之方向移動，那士兵傷得很重。戴斯蒙把他拖到崖邊，四處張望，看有什麼可以幫上忙的東西。他發現一具擔架及一條之前用來把補給品拉上崖頂的繩子。於是，戴斯蒙把傷兵推上擔架，盡量將他綁好固定在擔架上，然後，將他沿著崖邊垂降，自己則是緊抓繩子的另一端，垂降一段距離時，戴斯蒙一度感覺士兵好像快要掉下去了，然而繩子終究沒有斷掉，擔架最後在離崖頂10公尺的地方，也就是網梯的起點安全降落。

有幾位士兵剛剛下崖時,沒直接下到崖底,而是下到網梯底端的陸地時,就在那裡略做休息。

「這在搞什麼?」他們看到從天而降的擔架時不禁納悶。

「快把他送到醫護站!」戴斯蒙從崖頂喊道,「他受了重傷!」

幾位士兵帶著那名傷兵開始往下爬,於是戴斯蒙再把繩子收回。剛才把那名傷兵垂降下來花的時間有點長,這時戴斯蒙突然想起,之前在西維吉尼亞的艾金斯受訓時曾打過有兩個圈圈的稱人結,他相信這是上帝適時的提醒。他迅速的打好結,將另一名受傷的士兵弄到崖邊,把他兩條腿分別套入兩個圈圈中,然後再打一個同樣有兩個圈圈的結,套在士兵的胸膛上,最後將他緩緩沿崖邊垂降。

上帝甚至還為他在坡頂靠崖邊之處預備了一顆樹樁,讓他可以把繩子纏繞在上面,一點一點的慢慢放,這樣,他把士兵垂降下去時自己就不用那麼費力。整個過程中,戴斯蒙不停的禱告著:「主啊,請幫助我再救一個人!」

「為何日本人沒有找到崖邊來,把這些受傷的美國人一次解決掉?」戴斯蒙沒有答案。他唯一能想到的解釋是,上帝看顧了他和他的同袍,後來他有了時間,沒忘記好好謝謝上帝。

當時他倒不覺得自己會喪命，因為他記得自己從未做出悖逆父母，使他們蒙羞的事，而十誡第五條說：「當照耶和華你神所吩咐的孝敬父母，使你得福，並使你的日子在耶和華你神所賜你的地上得以長久。」儘管他不認為這能保證他不會受傷，但覺得如果能拯救同袍，受一點傷是值得的。

歷經了5小時之久，戴斯蒙終於把所有受傷的兵士救下來，一個都不少。虛脫且全身被鮮血浸透的戴斯蒙，是最後一位從崖頂下來的士兵——令人難以置信的是，他毫髮無傷！

B連中那些親眼見到戴斯蒙——這位「因良知拒拿武器」的醫護兵的所作所為時都驚呆了。沒多久，他的事蹟傳遍了全連。然後，消息傳得更遠了。

當他回到紮營地點時，聽到了來自一名士兵的體貼話語，「杜斯，你的軍服都被血浸透了，而且你全身都爬滿蒼蠅，但我們並沒有防蟲噴霧，我們會去找別的軍服給你穿。」不久他就換上了乾淨的制服。他決定找一個安靜的地方去讀《聖經》，這經歷太奇妙，真要感謝他的神！

當他離開去讀經時，第77師指揮部的布魯斯將軍抵達了營區。他聽說了戴斯蒙的事蹟，想要親自跟他握個手，他也建議要頒發國會榮譽勳章給戴斯蒙，叫那些負責的人去安排受獎事

宜。戴斯蒙是後來才知道這些，因為他當時不在現場，沒跟將軍握到手，他也覺得好可惜。

戴斯蒙當時究竟把多少人垂降到斷崖下？軍方高層說：「我們來算算看！我們上去的共有155人，只有55人是他們自己下來的。因此，你救了100人！」

「不可能！」戴斯蒙謙虛的說，「不會超過50個！我沒足夠的時間可以救到100人。」

於是他們取了個中間值——後來在戴斯蒙的國會榮譽勳章典禮上寫的就是這個數字。

★★★★★

受傷

兩週過去了，日本人仍堅守某些地點，抵抗到底。（**日軍積極展開近戰、夜戰、小部隊組織戰，頻繁實施猛烈反擊，消耗美軍戰力，企圖將當時立足未穩的美軍趕下高地。**）美軍於是決定仿效日本人的作法，日軍常在清晨從躲藏處跑出來，把熟睡中的美軍殺死，美軍何不以其人之道還治其人之身？

上層決定試試看！於是，在一個特別黑的晚上，美軍從紮營的地方傾巢而出，戴斯蒙在每個人的背包上貼了塊膠布，

目的是希望即使在黑暗中，也可以憑著膠布發出的微弱閃光跟上彼此，然而，當晚天色實在太黑，因此這也沒多大幫助。終於，隊伍到了預計隔天早上要發動突襲的地方附近，戴斯蒙和其他三位士兵找了一個洞爬進去。

然後他們看到「它」飛了過來──一枚手榴彈！其它三名士兵及時爬出了洞外，但戴斯蒙已經爬入深處，來不及逃出來，手榴彈落在他的腳邊，戴斯蒙幾乎是直覺反應，立刻把沈重的軍靴往手榴彈一踩。砰！他感覺到自己被拋到半空中，眼冒金星，摔落地面後，他感受到了自己的雙腿，他的腿還在！但正大量出血，他盡可能的把腿包紮妥當。（**77師如同96師，在崖頂上與日軍作拉鋸攻防戰，與日軍互擲手榴彈，他們用炸藥包來清除洞穴的日軍，在夜間也作摸哨與襲擊。**）

他必須盡快離開，因為這裡仍是日軍勢力範圍，於是他和另一名士兵翻越山坡，往美軍的地盤移動。他們在途中看到了一個山洞，由於同伴的肩膀受傷了，戴斯蒙借了他的鏟子，好把洞口挖大一點，容易進去，然後兩人爬入洞裡過夜。戴斯蒙知道自己失血嚴重，覺得頭昏腦脹，於是以頭比身體的位置低的姿勢躺下。

天邊微露曙光時，兩人探頭看了一下四周環境，他們發

現，昨晚戴斯蒙把洞挖大時，只差幾吋的距離就會誤觸一枚未爆大砲的外殼。要是真的碰到它，他們將被炸得屍骨無存——一點都不誇張，上帝再次看顧了戴斯蒙。（**自4月29日至5月7日止，307團生還人數不到一半，在如此反覆又激烈異常的血戰中，要能生還已實屬萬幸，而戴斯蒙在這樣的情況下還能來回救下75名傷患，這已經不是他運氣好所能解釋了！**）

天亮沒多久，兩名抬擔架的士兵來了，要把傷者抬走。他們將戴斯蒙搬上擔架，準備將他帶往醫護站。在半路的時候，他們發現有名遭日軍開火以致頭部受傷的士兵，但他們只有一具擔架，也沒有足夠人手可以搬運兩名士兵，於是戴斯蒙從擔架爬下，叫他們把頭部受傷的士兵先帶走。

「我們不想這樣做，杜斯。」他們說。

但戴斯蒙很堅持的拒絕了，「我已經在這裡待了五個小時，再等一下也不會有事的。帶他走吧！」

「好吧，杜斯。我們很快會再回來。」

抬擔架的士兵走後，戴斯蒙的一位朋友布魯克斯（**他和桃樂絲一樣來自維吉尼亞州的里奇蒙**）正好經過，他也受了點輕傷。

「杜斯，你怎麼了？噢，我看出來了。你覺得如果你靠在我身上，我們有沒有辦法自己走到醫護站？我們試試看吧！」

戴斯蒙手臂打石膏照。

布魯克斯提議道。

於是兩人就出發了。他們沒走多遠，戴斯蒙就遭到一名日軍狙擊手襲擊，擊中手臂。子彈從他的手腕射入，手肘下方穿出，然後又從手肘上方進入，最後在上臂停下，凡子彈所經之處的骨頭和神經都粉碎了。要不是戴斯蒙的手臂擋了這槍，子彈會從布魯克斯的頸部穿過，搞不好他就沒命了。

「布魯克斯，把槍給我！」戴斯蒙說。

布魯克斯很驚訝，從不拿槍的戴斯蒙怎麼會突然要一把槍，但戴斯蒙知道自己在幹什麼，他把槍身緊貼重傷的手臂，要布魯克斯用他的野戰夾克將他的身體和手臂纏裹在一起，這樣等於是為手臂提供一個夾板。然後，兩人繼續向醫護站前進，然而，戴斯蒙因失血過多，昏了過去。

布魯克斯跑向醫護站，請那邊抬擔架的士兵去把戴斯蒙抬回來，由於他們去的醫護站不是第一營的醫護站，這還造成千里之外的林奇堡市那邊發生了一件有趣的小插曲。

原來，第一營醫護站的擔架兵回去接戴斯蒙時，發現人不

見了,於是回去報告說他在作戰時陣亡了。這消息傳回了林奇堡市,還上了報紙,但戴斯蒙在腿部及手臂動過手術後,在醫院休養時,曾請護士幫他寫了封信給父母,並把信寄回家。

報紙刊出「戴斯蒙‧杜斯在戰鬥中陣亡」消息的第二天,杜斯媽媽一早照樣去鞋廠上班。同事見到她,不禁大吃一驚地問:「杜斯太太,妳孩子戰死了,妳怎麼還有心情來上班?」

「他沒死啊!他只是受了傷,躺在醫院裡休養,但他沒事的。你看,我們昨天還收到他的信呢!」第二天,報紙刊出了更正啟示。

戴斯蒙被送往野戰醫院。醫生檢查他手臂及腿部的傷,說:「杜斯,等我們針對你的傷口做過初步的處理後,會把你列入送回國的名單上。」戴斯蒙心想,受傷倒是有這個好處。

戴斯蒙動了個手術,將腿中的17塊榴霰彈碎片取出,並將受傷的手臂套上沈重的石膏模固定。

手術後,他被送上醫療船,這次船是往東開。大約就在此時,他發現他的小本《聖經》不見了!他一定是把它遺落在戰場上了。他寄了封信給那裡的同袍,請他們幫忙找找看,他們翻遍了整個區域,終於找到了,並把它寄給戴斯蒙,他真的是很寶貝那本《聖經》。

醫療船將他送往關島，然後，一輛飛機再把他載到夏威夷。「我的手臂很痛，而且聞起來超難聞。」戴斯蒙告訴照顧他的看護士。

「好，我們會請醫生幫你看看。」看護士表示。醫生得先把石膏模割開一小塊，才能看到裡面的情形。結果他發現，他們在包紮時，竟讓紗布繃帶穿過了骨頭，因此造成了手臂的感染。看到戴斯蒙的傷口，醫生用了一些很貼切的詞來咒罵某位在沖繩幫戴斯蒙處理傷口的戰地醫生，「要是他是位獸醫，我連我的狗都不會帶去給他看！」他氣炸了。

「醫師，請問有沒有什麼方法可以讓這石膏模變舒服一點？它實在是重得要命，而且會讓我的身體有點歪。」戴斯蒙趁醫生檢查他的手臂時問。

「嗯，它的確有點變形了。要是它變形得更厲害，我們可能得換一個新的。」

於是戴斯蒙每天密切觀察，沒多久，石膏模真的就嚴重扭曲。於是，他們把原先的笨重石膏模拆下，改裝上一種新型的支撐裝置，這種裝置由數條金屬片構成，外覆棉布，因此有個別名叫做「飛機支架」。醫生把戴斯蒙的手重新處理後，他感覺好多了！於是他繼續踏上橫越太平洋的返家旅程。

The United States Army
MEDAL OF HONOR
THE NATIONS HIGHEST MEDAL FOR VALOR

第 15 章

回家

「親愛的，我到家了！好吧，也不算到家，不過我回美國了。我現在人在西雅圖，不確定何時會回到維吉尼亞州，但會盡快。」戴斯蒙在電話裡說。

戴斯蒙抵達西雅圖時，得知他有一通免付費電話可打，他當然是打給桃樂絲。不過，她在哪裡？自從他受傷後，她的信件就斷了。他知道她現在在諾福克教書，但現在是暑假啊！於是，他打回里奇蒙。舒特媽媽說，桃樂絲在華盛頓傳道學院修讀暑期班的課程，因此他打到華盛頓特區。

戴斯蒙的這通電話，桃樂絲已經等很久了，聽到他的聲音，她雀躍不已。儘管他有寫信告訴她近況，但無法與親耳聽到他的美妙聲音相比。

「嗨，親愛的，我愛你，聽到你的聲音真好。戴斯蒙，我想去西雅圖看你，可以嗎？」桃樂絲問道。

「可是，寶貝，連我自己都不知道會在這裡待多久。我聽他們說，要送我回離家不遠的某個地方；我覺得你要不要等我到那裡再說。」戴斯蒙回答。

幾天後，他到了北卡羅來納州的阿什維爾，住進史萬諾醫院，他父母來探視他，戴斯蒙見到爸媽很開心，可是他還是沒見到桃樂絲。他們急著想見到對方，於是戴斯蒙又打了通電話

給她。

「戴斯蒙，我想去阿什維爾找你，我暑期班的課程大概還有兩週，但我想現在就不上課了。」桃樂絲說。

「親愛的，我也很想快點見到妳，這妳是知道的，但我覺得，妳暑假的課不要白上了。妳先留在那裡把課修完，時間過很快的。」戴斯蒙勸她。

於是兩人都同意這樣做比較好，不過，桃樂絲還是想辦法提早了幾天考完期末考。

耐心等待必然歡呼，終於，桃樂絲回到了里奇蒙的家，而戴斯蒙搭上了往里奇蒙的巴士。舒特媽媽開車載桃樂絲到巴士站，戴斯蒙終於能夠伸出雙手（好吧！只能算是「一隻」健康的手），將桃樂絲湧入懷中，能再度見到彼此真是太好了！

由於戴斯蒙手臂裡還留有一顆子彈，他被轉往位於維吉尼亞州韋恩斯伯勒市的伍德羅・威爾遜綜合醫院接受手術，把它取出來，不久後石膏也拆了。終於，他覺得自己又像個人了。

有天，醫院指揮官來病房探望他。「你準備好要去華盛頓特區了嗎？」他問道。

「什麼意思？」他反問。

「我們要帶你到華盛頓特區去領取榮譽勳章，而且還是用

我自己的公務車載你去喔！你太太能跟你一起來嗎？還有令尊令堂，我們希望他們也能一起來。」

這真是太令人驚喜了！而他們在華盛頓特區停留的那段時光也是充滿驚喜。關於這位即將獲頒榮譽勳章的弟兄的故事，早已傳遍了各地的復臨教會。他的照片和事蹟甚至刊登在教會的官方刊物《評論與通訊》上。復臨教會位於華盛頓特區的全球總會有幾位幹事參加了於1945年10月12日在白宮草坪上所舉行的頒獎典禮。典禮上，杜魯門總統將那繫著藍色緞帶的獎章掛在戴斯蒙的頸項上。典禮中也宣讀了他的獲獎事蹟**（可參閱本書第10頁）**。

離開華盛頓的同時，戴斯蒙也獲准到維吉尼亞州的里奇蒙休假，這休假已經拖了很久了。由於沒有回伍德羅・威爾遜醫院的必要，他去里奇蒙的陸軍醫院，問是否可以轉院到他們那裡。「你可以在這裡提出病假申請，就不用再回去了。」他們這樣告訴他。

「我不能這樣做，我沒生病，這樣是欺騙！」戴斯蒙誠實地說。於是他又回到伍德羅・威爾遜醫院，後來才被轉院，成了里奇蒙的軍醫院的病人，但同時在該院的水療中心服務。他很喜歡他的工作，不過他發現，儘管他早上的時候感覺精神還

好，到了中午，就累到難以為繼。

「戴斯蒙・杜斯，你能不能到我們的教會——營隊、青年大會——來分享你的經歷？」自從獲得勳章後，他不斷收到這樣的邀約，他發現自己總是風塵僕僕趕來趕去，特別是在週末。

有一週，他本來受邀要去加州參與一場青年大會，但卻覺得累到快要虛脫，而且不斷劇烈咳嗽，於是決定去看軍醫。

「醫師，我咳嗽一直好不了，而且老是覺得很累。」戴斯蒙告訴醫生。

「你最近有在忙什麼事情，忙到把自己弄得很累？」

「我週末會到全國各地去演講。」他告訴醫生自己獲得榮譽勳章的事，以及為何要全國四處奔波。「我本來這個週末要去加州的，但現在覺得好像不行了。」

「看來，你需要醫囑才能夠在家休息。你這週最好別去了，待在家裡休息吧！」醫生說。於是戴斯蒙取消了這次的邀約。接下來一週，戴斯蒙的胸部開始劇痛，於是又去找上次那位醫生。

「我想我們最好照張胸部X光，看看是怎麼回事。」醫生說，於是安排照X光；戴斯蒙就等著結果出來。

「杜斯，你得再照幾張X光片。」醫生告訴他。等醫生將

該照的都照完，拿到結果後，他說：「杜斯，我們要把你轉往另一個病房區，你得住院。」事實上，他是被轉到另一個病房區的個人病房。

所以到底是怎麼回事？戴斯蒙後來終於得到了答案——他感染了肺結核！因此，他得待在醫院，不能離開。於是他打給桃樂絲：「親愛的，我現在人在醫院，他們不讓我回家；我剛發現我得了肺結核。」他非常沮喪。

「天哪，戴斯蒙！為什麼偏偏是這個時候！我們才剛要開始穩定下來，過正常生活，而且我還懷孕了！」戴斯蒙除了說「寶貝，我很抱歉。」以外，他也不知道該說什麼。

戴斯蒙尤其難過的是，桃樂絲必須在規定的時段才能見他，但因為她在教書，那段時間不可能來，於是他向醫生說明這種狀況。醫生說：「這你別擔心，我會幫你們安排，讓她隨時都可以來看你。」

戴斯蒙想起，在太平洋戰區時，有時他會久咳不癒，有時則是累到無法跟上同袍的腳步，於是他把這些情況告訴醫生，並問：「我是不是那時就感染了肺結核？」

「很有可能。」醫生回答。

接下來的五年半，戴斯蒙大部分的時間都在榮民醫院度

過。如果要仔細描述那時發生了什麼事,得另外寫一本書。不過,有幾個片段滿有意思,倒是值得一提。

他一開始是被送到柯羅拉多州的菲茨西蒙斯醫院接受治療,該院治療肺結核的技術素有讚譽。然而,戴斯蒙渴望桃樂絲的陪伴,何況,他很不放心她,因為那時桃樂絲那時又回學校教書了,戴斯蒙知道她為了追求完美,可以為了準備第二天的課程,半個晚上不睡覺。但畢竟她現在有孕在身,戴斯蒙因太過擔心桃樂絲,自己的健康也開始走下坡。

菲茨西蒙斯醫院有位達特醫生是復臨教會的教友,他有個堂兄弟阿爾查・達特在教育界服務,是桃樂絲的上司。於是,達特醫師寫信給達特長官,告訴他:「戴斯蒙比你更需要桃樂絲。」於是,桃樂絲就「剛巧」被調到了科羅拉多,而戴斯蒙的病況也好多了。

★ ★ ★ ★ ★
錄音帶

戴斯蒙之前在北卡羅來納阿什維爾住過一陣子,有許多那一帶的復臨教友來醫院探視他,其中有兩位在安息日下午來訪。「有沒有什麼我們可以幫上忙的?還是有什麼東西要我們

帶給你？」他們問道。

「我希望能夠有一些鋼絲錄音帶（wire recording，**為卡式錄音帶的前身**）還有一台可以播放的機器，幫助我打發時間，安息日時還可以聽講道。你們也知道，我沒辦法自己上教會。」

「我家裡好像有一台錄音機，可以先給你用。」其中一人表示。於是他把錄音機帶來，裡面也有很多段錄音，可以放來聽。於是，戴斯蒙得以享受這些錄音，有時還會跟旁人共賞裡面的音樂。

★ ★ ★ ★ ★

菸與牛奶

有一次，外號叫「甜心」來看他。「甜心」是醫院的護士長；她是所有病人的「甜心」，而所有病人也都是她的「甜心」。

「甜心，你真的希望我們好嗎？」戴斯蒙問。

「那當然！為何這樣問？」她疑惑地問。

「嗯，這裡的香菸是免費的，病人愛抽多少就抽多少，但你也知道，香菸對人不好；可是，院方卻想要減少牛奶的供應。這好像有點奇怪？」

「甜心，」她安慰地說，「你會拿到你的牛奶的！」

★ ★ ★ ★ ★

治療

治療期間，戴斯蒙照過許多次X光、支氣管鏡，以及其他的治療。他的兩片肺葉都被結核菌感染，但左肺的情形更嚴重。支氣管鏡的作用是擴張他的支氣管，讓他呼吸順暢些。醫生大約每兩個禮拜會給他做一次支氣管鏡，做完後，接下來的一週他會持續吐血，等他開始舒服些後，下一個療程又開始了。

有一天，戴斯蒙再次被帶到檢驗站做抽血檢查（**他納悶著自己身上是否還有血可抽**）。檢查完，他被帶到手術部門。「現在是什麼狀況？」他問道。「上級有令。」醫院的勤務兵只說了這個字，就閉上嘴巴。

後來，一位醫生來到候診區。他表示：「我想你應該知道你為什麼會在這裡吧！」

「不，我不知道。我正試著找出原因。」戴斯蒙說。

「等我一下，我來跟你解釋。」過了一會他走出來，把X光片拿給戴斯蒙看，並向他解釋，他們必須將他的左肺切除。

「要是我不動這個手術，存活的機率有多大？」戴斯蒙問。

「零！」醫生直接說。

「要是動手術呢？」

「一半一半。」

「醫生，可是我吃素。」戴斯蒙告訴醫生，心想這會不會提昇成功的機率。

「杜斯，你如果沒有配合高蛋白飲食，是不可能撐過這次手術的，而要獲得足夠蛋白質的唯一方法就是吃肉。」

「醫生，我決定要接受手術，但還是不會吃肉。不過我有攝取大量的牛奶、雞蛋，還有起司。我自己會買黃豆吃，此外，他們也會每天給我半罐黃豆。這樣還不夠嗎？」

「我不敢說，」醫生說，「不過你要是堅持這樣做的話，我們只得試試看了。」這答案還真令人喪氣！戴斯蒙心想。

「我手術是哪一天？」他突然想到地大聲問。

手術排定在約兩週後。在那之前，桃樂絲打給了朋友們及美國各地關心戴斯蒙的人，請他們為他代禱。他們也聯絡了復臨教會的羅奇長老（Elder Roach），他答應在手術當天來和戴斯蒙一起禱告。

手術當天，羅奇長老、桃樂絲，以及戴斯蒙的父母都來了。然而，勤務兵比原先預計的時間提早了一個小時把他推進手術房。因此，等大家都抵達時，護士們已經幫戴斯蒙做好術前準備了。但當他聽到他們來了，便堅持要在手術前先跟大夥

兒一起做個禱告。

於是，他們將戴斯蒙推回桃樂絲、他父母，以及羅奇長老所在的地方。他們圍成一圈，由羅奇長老為戴斯蒙禱告。禱告完畢，當他們再次把他推進手術室時，戴斯蒙心中感到全然的平安穩妥。他知道上帝完全了解他，會看顧他，知道怎樣做對他最好。

手術結束後，戴斯蒙得知，他對手術的反應是所有接受過同樣手術的病人中最好的，而且他的脊椎也是所有人裡面最挺直的，每個在手術現場的人都可以證明這一點。戴斯蒙再次明白，是上帝在保守他。

當時正值醫生們嘗試將抗生素用來治療許多病症的年代，包括肺結核。他們也用抗生素治療戴斯蒙。然而，抗生素的使用仍在實驗階段，沒人能掌握精確的用量。戴斯蒙記得，其中有一種是口服的，非常難吃，吃了會想吐；另一種是透過皮下注射，打完痛得不得了，沒辦法坐下。不過這些抗生素的確有效，很快的他的檢驗結果就都轉呈陰性了。

「醫生，我一直耳鳴。為什麼會這樣？」有天他問醫生。

「也許是對抗生素起了些小小的反應，應該很快就會消失了。」醫生回答。

然而它並沒有消失，不只如此，戴斯蒙還發現他的聽力越來越差了。接下來約有25年的時間，他的聽力漸漸消失，一開始，助聽器還有幫助，到後來，就算戴上助聽器，他也無法聽到別人在說什麼。

醫生們告訴他，他的聽損問題無疑是當時抗生素還在試驗性階段，醫生未能掌握適當用量所造成的後果。

The United States Army
MEDAL OF HONOR
THE NATIONS HIGHEST MEDAL FOR VALOR

第 16 章
杜斯醫護營

「我知道我們已經有很多醫療青年團的訓練課程，可以幫助復臨教會即將被徵召入伍的男生。不過，我們這次要不要嘗試辦個全國性的營隊，提供優良的訓練課程，以裝備這些男生？你也知道，很多人住的地方附近並沒有醫療青年團的據點。」身為基督復臨安息日會兵役事工部幹事之一的科紐爾・迪克，向他的老闆卡爾萊爾・漢斯提出建議。

「聽起來是個好主意！」漢斯同意。「而且我還想到可以在哪裡舉辦了，我猜密西根區會的會長應該會答應，借我們使用格蘭列治附近的野營聚會場地。你也知道，我以前當過他們的會長。」

他們也討論了該給這個營隊取什麼名字。「記得那位獲得榮譽勳章的小伙子吧？他的名字叫做戴斯蒙・杜斯。我們何不就把營隊取名為『戴斯蒙・杜斯醫護營』？」漢斯建議道，所有人都欣然同意。

這個名叫「杜斯醫護營」的營隊如他們所願，在密西根州落腳了。戴斯蒙去幫忙了很多次，除了協助幹部營內事務，並向報名營隊的小伙子們演講，為他們加油打氣。

戴斯蒙接受結核病療程的那段期間，桃樂絲身心面臨極大的煎熬（**當時也有一些其它事情給她壓力**），結果，她精神崩潰了。

她覺得自己永遠都無法做任何有意義的事了，甚至連持理家務都不行。

在一位過來人的建議下，戴斯蒙帶桃樂絲來到位於喬治亞州懷爾德伍德市的一家診所。那裡的醫護人員用營養的食物、運動，以及充分的休息來幫助病患重拾健康。桃樂絲以病人的身分住進去，在那裡待了超過一年。那段期間，戴斯蒙去上班時，戴斯蒙的父母和姊姊奧黛莉就幫忙照顧戴斯蒙和桃樂絲剛出生的寶寶湯米，戴斯蒙幾乎每個週末都會開400公里去探望桃樂絲。

有個週末，桃樂絲以及其他人建議戴斯蒙跟他的長官請個假，來懷爾德伍德待一段時間。他可以在這裡找找看營繕的相關工作，就不用週末來回奔波，他決定接受這個建議。

有一天，他一位懷爾德伍德的同事庫柏問他：「戴斯蒙，有位女士叫泰瑞太太要在守望山上蓋一座學校。你要不要跟我們大家一起上山，幫她蓋校舍？」

「我想我應該會去，也會為這件事禱告。」他回答。他禱告時，感到上帝要他去做這件事情，於是，戴斯蒙帶著湯米，來到了離懷爾德伍德約32公里遠的守望山，他工作時，庫柏的太太伊迪斯就幫忙照顧湯米。戴斯蒙再次體會到，上帝總是知

道他的需要。

戴斯蒙在山上找到一塊約兩公頃的地,地上還有一間小小的、有著三個房間的老舊木屋座落其上。這屋子真是有夠破舊:下雨時,戴斯蒙得在屋內各個角落放置小平底鍋,以承接屋頂漏下的雨水;刮風時,地板上舖的油布則會上下跳動。他拿他的軍人的保險理賠金於1955年買下了它。儘管桃樂絲這時情況有比較好了,但對於戴斯蒙購屋的決定仍不太高興,因為她還是覺得自己無法持理家務。她真是大錯大錯!後來事實證明,她不但能打理一個家,還修完了護士執照的課程,拿到學位;甚至得到護理學士的學位。

戴斯蒙繼續在原本三間房間的四周增建其它房間,最後房子變得大多了,戴斯蒙和桃樂絲終於安頓了下來,很快他們就把這房子當作家了,兩人為此向上帝獻上感謝。

★ ★ ★ ★ ★

這是你的人生

「戴斯蒙您好,我是克拉克・史密斯。」戴斯蒙接到復臨教會兵役事工部史密斯牧師的電話有點訝異,不知他為何打給他。「我們剛好有個機會,要拍攝一部影片幫助我們的士兵,

希望能邀請你來分享你的故事。我們覺得要是你能親自來加州一趟，在影片裡說一段話，一定會為影片增添更多意義。」

「克拉克，我可能要再想想。我已經去過很多地方演講，剛好最近家裡的井又壞了，我得把它修一修。況且，你知道約瑟芬‧愛德華茲（Josephine Edwards）正在寫我的故事，我必須待在這裡，因為她可能隨時會找我問問題。」

「噢，戴斯蒙，可是這個機會真的很難得。我有沒有跟你說有個位男士願意贊助影片製作過程的全部費用？這可不常發生，我覺得，你要不要把愛德華茲的電話給我，我來打給她，問問看如果你離開幾天有沒有關係。我們真的很需要你，考慮一下吧？」克拉克說。

戴斯蒙放下話筒，轉頭跟桃樂絲簡單的說明了一下狀況，徵詢她的意見。「我覺得你應該去，戴斯蒙。」這是她的建議。

於是戴斯蒙踏上了往加州的旅程。這次是搭火車而不是飛機。票是克拉克‧史密斯幫忙安排的，他告訴戴斯蒙，因為節目需準時開拍，要是他轉車時有任何延誤，一定要馬上通知他們。他轉車時真的有班車差點就沒搭上！

克拉克‧史密斯和復臨教會東南加州區會的會長狄斯‧康明斯來車站接他。他們去領取行李，卻撲了個空──行李沒有

跟著一起運到！而當天晚上就要跟節目製作單位會面了。

「沒關係！」克拉克說，「我們會去幾家銷售軍人用品的店，看能不能找到我們要用的東西。」

儘管他們花了很多時間尋找一套好的軍裝，不過還來得及去一家自助餐廳吃晚飯。克拉克和狄斯似乎很怕戴斯蒙會吃不飽，拼命夾食物到他的餐盤上。他忍不住抗議：「喂，各位，我哪吃得下那麼多！」

「你能吃多少，就盡量吃。」他們要他別擔心，當時戴斯蒙不曉得，這種種安排其實都是為了拖延時間。

很快的，出發前往工作室錄製節目的時刻來臨了。一位男士前往旅館接他們，稍早他們已經幫戴斯蒙辦好住房手續。戴斯蒙已經換上新買的軍裝，大家都覺得他穿起來很好看。

到了工作室，司機才駛近大門，門房馬上就把門打開。見戴斯蒙的表情似乎有點驚訝，司機表示：「沒事，因為我在這裡工作。」

戴斯蒙先是被帶到這棟建築物後方的一間房間，不過很快就來到了講台前，透過錄影的方式向士兵們說話。他才剛開口，就有一名男子進入工作室打斷他。

「這是怎麼回事？」戴斯蒙覺得很納悶。「為什麼我在講

話，他要打斷我？」另一方面，戴斯蒙也沒看過人上電視化妝的樣子，只覺得那人看起來有點滑稽，像個小丑。

男子很有禮貌。「來自喬治亞州萊辛峰的戴斯蒙‧杜斯——也是榮譽勳章得主，你上了《這是你的人生》節目，我是瑞爾夫‧艾德華茲。」

戴斯蒙不敢相信自己所聽見的。但他很快就發現，他現在是在一個舞台上，對著數百名觀眾講話。瑞爾夫‧艾德華茲向觀眾簡述了戴斯蒙的從軍經歷，以及他做了什麼事蹟，為何會獲得榮譽勳章。

這場電視訪問把受邀貴賓的許多朋友及認識的人都一起聚集起來了。三位戴斯蒙軍中的朋友來了，包括寇尼少校、布理斯特，以及佛列德‧卡爾。姐姐奧黛莉‧米勒以及弟弟哈洛德也來了，他的父母親湯瑪斯及柏莎‧杜斯也在那裡。最後還有一個亮點：連桃樂絲都帶著兒子湯米來了，真是個驚喜！但也令他神經緊張到爆表。戴斯蒙跟瑞爾夫‧艾德華茲說：「哇！這比打仗還恐怖！」

節目單位送了他們很多很棒的禮物：一把桌鋸、一台附有相關部件的小型園藝用拖拉機、一台福特艾德索（Edsel）旅行車，甚至還有一筆金錢，讓他們在守望山除了原有的兩公頃，

還可以買更多地。當晚，戴斯蒙和親友團還接受招待，在飯店裡享用了一頓美妙的晚餐。

這時，戴斯蒙慢慢把最近發生一連串的事都連貫起來了。之所以要他搭長途火車來，是為了讓親戚們——尤其是桃樂絲和湯米——有充足的時間能夠飛來加州；為何桃樂絲會鼓勵他去，他也懂了——原來她已經知道《這是你的人生》節目邀請的事了；他也明白了為何克拉克・史密斯會打電話邀請他，以及為何他們說沒有足夠的時間讓他去造訪他最喜歡的宗教廣播節目《預言之聲》辦公室了，因為那裡的某個人會讓整個計畫提前曝光，而這件事必須要對戴斯蒙保密，不然節目無法播出，瑞爾夫・艾德華茲會用其他節目內容替換。

他還得知，其實，幫他寫書的約瑟芬・愛德華茲一直把訪談所得到的訊息透露給瑞爾夫・艾德華茲，供節目使用。她是一位很受歡迎的作家，也是復臨教會的信徒，就是她向瑞爾夫建議邀請戴斯蒙上他的節目。不過，節目播出後不久，約瑟芬的丈夫就去世了，她因此無心完成這本書。於是，她將寫書的計畫交給了另一位作者布登・亨頓（Booten Herndon）。布登後來完成了這本名叫*The Unlikeliest Hero*的著作。

還有件事也值得一提。戴斯蒙及桃樂絲即使是收到饋贈，

也樂意當作什一奉獻的一部分。他們有記下自己應繳納的金額，但他們手頭實在過於拮据，因此一直沒把錢付出去。然而，戴斯蒙記得母親繳納十一奉獻的經驗，因此，儘管自己得勒緊褲帶，仍決定要將屬於上帝的十分之一還給祂。結果，才一個月後，戴斯蒙就上了《這是你的人生》節目。上節目讓他們進帳不少，那時起，他們的經濟情況就改善許多。戴斯蒙知道，這仍是出自上帝的看顧及祝福。

★ ★ ★ ★ ★

土地

大約在此時，戴斯蒙開始明白，由於得過肺結核，切除過一片肺葉，他已無法像正常人一樣一天上8小時的班。他徵詢過好幾位醫生的意見，也跟美國退伍軍人事務部的人問過，最後被認定為永久殘障身分。

因此，接下來約有15年的時間，戴斯蒙都是在自家的土地上工作。這片土地本來是約兩公頃，靠著《這是你的人生》的節目酬勞，他又買下一片土地，所以現在總共是五公頃多。新買下的這片土地主要是樹林，樹林裡有許多美麗的野花及綠色盎然的苔蘚類植物。某年冬天有個猛烈的冰風暴來襲，許多樹

戴斯蒙協助建造的守望山復臨教會。

都倒了，後來他清除掉枯枝落葉，縣政府也來蓋了座水壩，於是，他們的土地上就多了一座可愛的小小湖泊。

　　他週末時也常應邀到各地演講，有時甚至一去就是一個禮拜。他的聽力不好，但還應付得來，邀請機構或公司會支付他的旅費。針對演講本身，戴斯蒙不支取任何酬勞，因為他演講的目的是為了表達對上帝的感謝，感謝祂的看顧，但他會提起守望山上正在興建一座小教堂的事，因此常常有人會為此奉獻，戴斯蒙會將奉獻的款項拿去購買教堂所需的建材。他只要在家，就會投注大量精力蓋那座教堂。如今，有座美麗的小小教堂，座落在守望山上。

The United States Army
MEDAL OF HONOR
THE NATIONS HIGHEST MEDAL FOR VALOR

第 17 章

失聰與人工電子耳

「我想我還是把浴室的門鎖修一修好了。」戴斯蒙心想。他找出了所需的工具，開始動手。當時是1976年，桃樂絲已經成為了一名專業的護士。今天她去上班，不過也快回來了。

突然間，戴斯蒙感到一陣暈眩。「我是怎麼了？」他喃喃自語，「還是去躺一下好了。」這時，桃樂絲下班回家了。她發現前院門口聚集了一些人。

「我們是來看戴斯蒙的，」他們說，「我們知道他在裡面，可是按門鈴沒有回應。」

「我進去看看是怎麼回事。」她說。她進到屋裡，發現戴斯蒙躺在沙發上。「怎麼了，親愛的？」他沒回答，看來滿臉疑惑。

「戴斯蒙，你是不是聽不到我講話？」她知道戴斯蒙聽力有問題，多年來她已習慣了他聽不太到聲音這件事。不過，通常他還是能聽到一點點並做出回應，然而，這次他沒有做出任何回應，他又用那種疑惑的表情看著她，他以為她失聲了。接著，他搖了搖頭。

兩人同時突然醒悟到：戴斯蒙徹底聾了，他什麼聲音都聽不到了！當時已經是下午，但戴斯蒙仍決定馬上到亞特蘭大的榮民醫院，看看他們有沒有什麼辦法幫他。去醫院的路上，他

在喬治亞州卡爾霍恩的區會辦公室停留了一下，把剛完成的教會司庫報告（**編按：司庫為教會中負責管帳的人**）交給他們，並告訴他們他已全聾，請他們為他禱告，然後他就繼續往亞特蘭大的方向前進。

「我們晚上會先安排你住進一家旅館，明天再請醫生幫你看一下。」榮民醫院裡的人這樣告訴他。

「我不要這樣！」戴斯蒙說，「我已經全聾了，現在就需要找醫生。」

一名叫貝絲的志工特別照顧戴斯蒙，幫他安排了一張病床，並讓他當晚就能就診。醫生幫戴斯蒙檢查後，診斷是「神經性耳聾症」，為他打點滴，希望能保留住那些尚能作用的神經，然而這些作法都沒能真正解決問題，他只好回家。他面對的是一個幾乎無聲的世界，只能聽到一點點像是噪音的聲音，但無法辨別那噪音代表什麼。

接下來的12年就是這樣度過的。桃樂絲必須把每個要給戴斯蒙的訊息寫下來，不論是在家裡、教會，還是其他地方。「親愛的，我是你的導『聾』犬。」桃樂絲這樣告訴他。

為了這個病，戴斯蒙得放棄很多事情，包括教會的服事。他是教會的首席長老以及司庫，在喪失聽力後，他已無法勝任

這些職務。

「戴斯蒙，可以請你繼續擔任沃克縣救援隊的隊長嗎？」他救援隊的夥伴問道。這真是個好問題，畢竟戴斯蒙已擔任沃克縣救援隊的隊長多年，並在任內建立了高素質的團隊及完善的設備。

只要是與洞穴相關的緊急事故（**那一帶還滿常發生**），戴斯蒙一定親自到現場，他不會叫任何一位夥伴去冒他自己不願意冒的險。有一次，救援隊要去營救幾位困在洞穴裡的人員，他們把人救出來了，但有兩人因吸入過多有毒氣體，回天乏術。這些有毒氣體也讓戴斯蒙呼吸極度困難，他被送醫急救，差點就因肺炎而失去生命。再一次，上帝看顧了他。

「不行！我如果聽不見，是無法勝任隊長的。我想我得交棒給你們了。」他做出了回答——要放手還真不容易。

許多年就這樣過去了。大概是在1980年代中，戴斯蒙聽說了一種叫做人工電子耳的裝置，感覺上，它應該是針對那些完全失聰的人所設計的。

「親愛的，妳能不能幫我打電話問問看榮民醫院，他們有沒有聽過人工電子耳這種東西？」戴斯蒙拜託桃樂絲。

桃樂絲打去醫院。是的，他們聽過人工電子耳，但也不是

很了解，不過他們承諾，會記住戴斯蒙有這個需要，如有進一步消息會主動跟他聯絡。

幾週後，醫院打來了，說他們計畫送他到位於康乃狄克州西黑文的榮民醫院接受診治，那裡的醫生正在挑選合適的病人，為他們植入人工電子耳。這次戴斯蒙是自己一個人單獨前往，桃樂絲並沒有同行，這讓他有點想念她，通常她都會陪著他出門，但她這次無法隨行。不過還好，榮民醫院把所有戴斯蒙需要知道的訊息都打在紙條上，他只要拿給航空公司的人、計程車司機，以及其他戴斯蒙需要尋求幫助的對象看就可以了，靠著這些紙條，戴斯蒙順利抵達了西黑文。

儘管戴斯蒙已失聰，幾乎無法聽見任何聲音，榮民醫院的醫生卻說，他的情況好很多，並不是人工電子耳所要針對的對象。於是他們給了他功能比較強的助聽器。可是，事實證明，助聽器並沒有任何幫助。

他帶著沮喪的心情回家。「現在我該怎麼辦？」他問桃樂絲，但她也沒有答案。

儘管戴斯蒙當時看不出來，其實上帝對這件事已有安排。那年的榮譽徽章得主大會是在加州的橘郡舉行，大會每兩年舉行一次，地點遍佈全美，航空公司會提供免費機票讓得主及

他們的太太搭乘到大會地點，於是，戴斯蒙和桃樂絲來到南加州。

「我們到了那裡後，一定要跟朵特・萊德見個面。」桃樂絲跟戴斯蒙說。朵特是桃樂絲的表親，住在加州的格倫代爾。

他們在大會結束後多停了幾天，去拜訪了朵特。聊了兩句後，朵特說：「我有些住在羅馬琳達的朋友們還沒有見過戴斯蒙，我們要不要下午去找他們？」於是，戴斯蒙就這樣來到羅馬琳達醫院，這家基督復臨安息日會成立的大型醫學中心。

跟戴斯蒙會面的是中心裡的知名醫生群。他們建議戴斯蒙：「我們看能不能把你轉到聽力科，幫你檢查一下聽力。」奇蹟似的，他們竟然第二天早上就幫戴斯蒙排到看診檢查。

進行聽力檢查時，戴斯蒙問醫護人員：「請問你可以告訴我人工電子耳是怎樣的技術嗎？」

「人工電子耳在我們這裡是常見的手術，如果我們經過評估後，覺得能夠改善病人的聽力就會做。不過，由於每個人的情況都不同，我們會先針對病人的聽力問題做仔細的檢查。」

檢查完戴斯蒙的聽力後，他們告訴他：「依我們的判斷，你是做人工電子耳的合適人選。不只如此，我們經過仔細的討論，並和上層請示過，他們同意全額贊助這次手術的費用，以

感謝你對上帝及國家的奉獻。」

戴斯蒙簡直不敢相信，他再次看到上帝在他身上奇妙的作為。不過，還有一個問題沒解決：人工電子耳的維護及保險費所費不貲，這方面的費用退伍軍人事務部沒答應要幫忙支付。

於是，戴斯蒙和桃樂絲先回喬治亞的家，但繼續籌措費用。後來，退伍軍人事務部大方同意支付電子耳的維護及保險費用，因此這個問題算是解決了。然而，他們還差了往返加州的旅費。幾個位於查塔努加的軍方組織，包含美國殘廢退伍軍人組織、海外作戰退伍軍人協會，以及由退伍軍人事務部部長拜恩特・庫克所領導的「紫心協會」展開了募款活動，籌措他們前往羅馬琳達的旅費以及在那邊的生活開銷。

「我們非常感謝各位的慷慨捐贈，以及對我們還有我們所遇到的問題的關心與協助。」戴斯蒙和桃樂絲告訴他們。

為戴斯蒙及桃樂絲所籌募到的款項，是在一場美國殘廢退伍軍人組織的公開聚會中交給他們。聚會中，有人告訴戴斯蒙外面有人找他。原來，又是一個驚喜等著他，桃樂絲的妹夫羅伯特・簡森拿給他一把鑰匙，說：「這是我媽媽羅馬琳達家裡的鑰匙。她這陣子不在家，她說，你們來的時候可以待在她家，只要幫忙付水電瓦斯費，並幫她把她的小公寓出租出

去。」等戴斯蒙到了羅馬琳達，看到那裡房子的租金行情時，才知道這真是天上掉下來的禮物。

　　搬進那棟離羅馬琳達醫學中心僅兩個街區的小房子後，戴斯蒙到聽力部門報到。他做了更多檢查，並跟負責手術的容醫生有了更多的討論。當然，容醫生那方的想法都是寫在紙上，不過戴斯蒙已經習慣了。

　　「你看，杜斯先生，我們會把裝置放到你耳朵後方，也就是耳蝸的位置。用非專業用語來說，就是把神經接到你頭裡面的一塊磁鐵，然後，我們會把另一塊磁鐵放到你頭外面對應到頭裡面那塊磁鐵的位置。聲音會經由電線傳到一台小電腦——這小電腦你可以放口袋隨身攜帶——電腦上面有按鈕，可以讓你調整到聽得最清楚的狀態。」

　　「容醫生，老實講，您覺得這會有幫助嗎？」戴斯蒙問。

　　「我很難跟你保證，因為耳朵是很複雜的器官，但我對你蠻有信心的。杜斯先生，你相信禱告嗎？」容醫生問。羅馬琳達醫院是個基督教的醫學中心，裡面的醫生很多都是虔誠的教徒。

　　「我當然相信！」戴斯蒙說，「我也確實一直在為這事禱告，我相信上帝會有最好的安排。」

戴斯蒙的手術排在1988年9月。戴斯蒙和桃樂絲的兒子湯瑪斯當時人在夏威夷，為了爸爸的手術也飛到了加州。戴斯蒙被推進手術室，麻醉師正要為他麻醉時，突然停了下來，等了15分鐘才又開始。然後，他又停了下來，這次更久。

戴斯蒙納悶發生了什麼事，但他「聽」不到任何的解釋。後來他才知道，手術當時，醫院發生了一件極罕見的事：天空降大雨，雷電交加，造成醫院停電。儘管醫院有自己的備用發電系統，但還是要稍微等一下才會發揮作用，而手術小組不希望讓戴斯蒙的手術發生任何閃失。

桃樂絲的弟弟哈洛德·舒特醫生有個兒子戴爾，當時正在羅馬琳達醫學中心實習。有了戴爾進到手術室陪伴，戴斯蒙寬心不少，戴爾同時也持續向家屬休息區的桃樂絲和湯瑪斯報告戴斯蒙的最新狀況。

戴斯蒙醒來時感到頭很痛，且頭被卡在一個僵硬的模子裡，動彈不得。「真的是蠻難過的，感覺我頭好像腫到快把模子撐破。」他這樣跟桃樂絲和湯瑪斯形容，「不過，我還是很高興，至少手術終於做完了。」

「我們也是！」他們都同意。

一個月後，該是移除石膏模，並將頭上的磁鐵接上，測試

是否正常運作的時刻了。

琳達・泰爾這位非常能幹的女士，透過戴斯蒙頭上的電腦將顱內的電子耳調好，她小心翼翼的將耳機放到戴斯蒙的耳朵裡。

「戴斯蒙，這耳機只是為了固定電子耳，它不是像助聽器，是透過它來聽到聲音。現在我要將一塊磁鐵——就是這圓圓的東西——放到你頭上對應到頭顱內磁鐵的位置，你可以用手指頭感覺看看。整套裝置已經和一台小電腦連接，你可以把小電腦放口袋裡。現在，你準備好了嗎？」琳達邊說邊寫給戴斯蒙看。

「我想我已經等不及了。」戴斯蒙答道。

於是琳達把外部的磁鐵安放到內部的磁鐵上方。「戴斯蒙，你聽得到我的聲音嗎？」琳達期待著戴斯蒙的回答。

他的臉登時亮了起來！「當然！」驚喜之情溢於言表。12年來，這是他第一次重新聽到聲音。桃樂絲、容醫師，以及其他對這手術有興趣的人都一同目睹這一幕，大家不禁拍手叫好，現場滿溢興奮之情。

不過，事情不是就這樣解決了。醫生之前告訴他：「電子耳永遠不會像助聽器那麼好，助聽器能讓你聽到你聽得懂的聲

音，而電子耳則是儘管能讓
你聽到聲音，但不是你熟悉
的聲音。你得要自己把它轉
譯成你聽得懂的語音。」戴
斯蒙後來發現的確是如此。

琳達・泰爾花了很多小
時指導戴斯蒙電子耳的使用
方法。她會告訴他，他表現
得有多棒，並用一切可能的
方法鼓勵他。

戴斯蒙和桃樂絲在1986年5月2日到4日間攝於南
方復臨大學。戴斯蒙獲頒該校的榮譽學位。

儘管戴斯蒙仍然無法聽得很清楚，但這已經比什麼都聽
不到要好太多了，他非常感謝能有這個機會接受人工電子耳手
術。尤其當他睡前把耳機拿下，或電池沒電的時候，他就更是
慶幸：還好有它！這又是件要感謝上帝的事。

★ ★ ★ ★ ★

光榮時刻

1986年6月又有一樁驚喜。1985年時，位於田納西州科利
吉德的南方復臨大學的應屆畢業生，邀請戴斯蒙參加他們的畢

戴斯蒙和法蘭西絲位於守望山上的家。房子的地址儘管是在喬治亞州，但鄰近田納西州。可看到前院有個國旗以及自由女神像。

業典禮，並在典禮上致詞。隔年，也就是1986年6月，學校決定要頒發該校的榮譽學士學位給戴斯蒙。於是，他和桃樂絲兩人都戴上了學士帽，披上了學士服。戴斯蒙走過講台，領取他的榮譽學位證書，他是大學畢業生了呢！

有一天，桃樂絲在查塔努加逛一家二手商店的時候，發現了一座約二點五公尺高的自由女神像複製品。

「戴斯蒙，來！你跟我下到那家二手商店，我要給你看一個東西。」她跑到一家店裡找到了戴斯蒙。

桃樂絲帶他來到自由女神像複製品的前面。對於這個當年軍中他們第77師的精神象徵，戴斯蒙讚賞不已。不過，儘管它是二手商店的東西，價格還是蠻貴的。

「戴斯蒙，我跟你說，」桃樂絲興奮的說，「你又不抽菸，

你就把買菸的錢拿來買下這個雕像吧！」結果戴斯蒙聽了他太太的，把雕像買回家。後來，一位名叫克里夫・強森的友人幫忙把塑像立在一個基座上。

他們挑選了一個日子，為塑像舉行揭幕儀式，戴斯蒙很多軍中的朋友以及其他人都有出席。如今，他的自由女神像仍屹立在戴斯蒙家的前院，成為遊客拍照的熱門景點。

喬治亞州奧格索普堡市（**距離田納西州的查塔努加不遠**）的市中心，是2號公路和美國國道27號交會的所在。2號公路從這個交會點向西延伸到和193號公路相交處，這約九點六公里的路段，是條風景優美的四線道公路。

拜恩・傑克森是名可愛的退休軍人，平生最熱衷於為英雄及名人做些事情。他決定將2號公路夾在27號國道和193號公路之間的這九

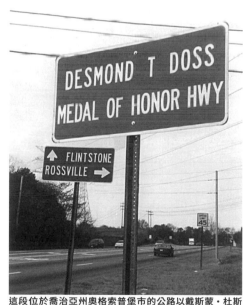

這段位於喬治亞州奧格索普堡市的公路以戴斯蒙・杜斯為名。公路於1990年7月10日舉行剪綵儀式。

戴斯蒙住家前的積雪。攝於1993年3月。

點六公里的路段命名為「榮譽勳章得主戴斯蒙·杜斯公路」。

1990年7月10日是「榮譽勳章得主戴斯蒙·杜斯公路」剪綵的日子。在拜恩·傑克森的統籌安排下，請到查塔努加當地電視台WRCB-TV的大衛·卡羅擔任典禮的司儀以及喬治亞州州長喬·哈里斯擔任致詞貴賓。

典禮的最後，戴斯蒙剪了綵，然後和桃樂絲坐上車，從這段公路的這一頭開到另一頭。戴斯蒙覺得非常榮幸能有一條公路以他命名，這還是喬治亞第一條以榮譽勳章得主來命名的公路。上帝在他的生命中，多次用各種不同的方式給予他祝福，戴斯蒙真是滿心感謝。

The United States Army
MEDAL OF HONOR
THE NATIONS HIGHEST MEDAL FOR VALOR

第 18 章

悲劇

杜斯家族於戴斯蒙雙親結婚五十週年紀念日的大合照。由左而右依序為：哈洛德及海爾達・杜斯夫婦，奧黛莉及勞森・米勒夫婦，以及桃樂絲和戴斯蒙・杜斯夫婦。坐在前排的是他們的雙親。

那年是1982年。

「親愛的，我今天在胸部發現一個腫塊。你覺得有沒有可能是癌症？」有天晚上桃樂斯寫了這段話給戴斯蒙看。

「我當然希望不是，甜心。我想最好的方式，是去找醫生確認一下。」

於是桃樂絲跟醫生約診。幾天後，報告出來了：真的是他們害怕的癌症。桃樂絲接受了外科手術且復原良好，於是回到醫院，繼續從事護理工作。

這件事發生不久，戴斯蒙的母親也被診斷出癌症，而舒特媽媽也得到同樣的診斷。「看來這是我們的家族遺傳，還真是可怕的遺傳。」桃樂絲說。

由於杜斯媽媽沒人照顧，戴斯蒙決定去林奇堡市照顧她。

他實在不想要離開桃樂絲，但當時（1983年）她的情況還不錯，且她也鼓勵他去。於是，戴斯蒙接下來的六個月都待在林奇堡市，沒有回家過，但桃樂絲有來林奇堡市探望他以及杜斯媽媽幾次。六個月後，杜斯媽媽走了；大約在同一時間，舒特媽媽也走了。

1990年的時候，桃樂絲的身體開始出現異常狀況。「是癌症嗎？」這次，戴斯蒙和桃樂絲的希望再度破滅：癌症已經轉移了。接下來的一年對杜斯家是難熬的一年。桃樂絲表現得很勇敢，甚至是開朗，但到了1991年秋季，癌症顯然已經在她的身體佔了上風。更糟的是，醫生不但無法保證她能完全復原，連她病情有無轉好的可能性都不敢說。

「甜心，我要怎麼做才能讓妳少受點苦？」戴斯蒙會這樣問，因為他看到她的健康情況日漸下滑，明白她受了很多苦。

「按摩會有幫助。」她這樣說。因此，戴斯蒙會幫她按摩痛的地方：有時有效，有時沒用。兩人都開始明白這只是時間早晚的問題，盡量不去想未來的事。他們並向上帝禱告，祈求祂的幫助和祝福。

11月16日當晚，桃樂絲痛得不得了。戴斯蒙現在已經是固定會幫她按摩，但那天按摩似乎沒有幫助，而他真的是累得不

得了！但他仍繼續按，因為他希望趁她還在身邊時，盡量為她做些什麼。

最後，到了約凌晨四點鐘，桃樂絲決定要起身去沖個熱水澡，覺得這也許這能讓她放鬆。戴斯蒙實在是累壞了，她一下床，他就馬上睡著了。當她洗完澡爬回床上時，人感覺比較舒服，也比較放鬆了，於是也跟著睡去。

戴斯蒙那為聾人設計的震動式鬧鐘，在早上七點搖晃了起來。儘管他幾乎爬不起來，但心知必須在八點半帶桃樂絲抵達醫院，進行每天例行的一連串療程。他打點好準備出門，然後去叫桃樂絲起床。「甜心，我真的很不想把妳吵醒，但我們得走了，否則會來不及去醫院。你要穿哪件？」戴斯蒙問。

「就把我的外套拿給我，我的衣服在這裡。」她回答。

兩人坐進他們的紅色凱迪拉克。這是戴斯蒙買過最好的車，因為桃樂絲覺得它比起較小型的車子來的安全。如同往常，他們上路前先低頭做了個禱告。「親愛的天父，我們今天開往醫院的路上，請與我們同在。你知道對我們來說，這是個傷心難過的時刻。請與桃樂絲同在，賜給她安慰及力量。禱告是奉祢的名求，阿們。」

禱告完，戴斯蒙把車開上公路。這條路往前開三公里多

會碰到尼克傑克路,這條路從守望山通往山谷,在快要轉尼克傑克路的地方有個非常緩和的彎道,但在彎道和尼克傑克路之間,路的右側有一個三公尺多的陡峭邊坡。

　　戴斯蒙並沒有開很快,不過,因為他知道桃樂絲有點緊張,因此他輕踩煞車,把車速放慢一點點。這時,令人難以置信的事發生了!紅色凱迪拉克突然完全失控打滑,並轉向衝出邊坡,在乘客那一側摔落地面,桃樂絲的頭在車頂和座位間被夾碎。她死了!

　　車子最後以旋轉九十度倒立的方式,在一個電話亭前停住了。駕駛座的門被電話亭卡住,無法打開,戴斯蒙並不覺得自己有受傷,但他必須爬出去求救!這時,車子突然又旁邊歪了一點,剛好讓他有足夠的空間可以把門打開。他在戰爭時期已多次目睹死亡,他知道桃樂絲死了。

　　「小姐,」他按了附近人家的門鈴,「我們發生了車禍,可否麻煩妳幫忙打給911(**台灣是打119,美國則是打911**),我的耳朵聽不到。」那位年輕的小姐太緊張了,說她無法打這通電話。

　　於是戴斯蒙自己打給911,請他們派人救援並帶救生鉗來,因為他太太被困在車裡,儘管他聽不到對方在說什麼,但至少他知道他們聽得到他的話。

　　那位小姐答應打電話給湯瑪斯，他當時剛好從夏威夷回來看媽媽。警方和緊急救援小組很快就來了，但由於桃樂絲已死，他們在驗屍官來之前沒什麼可以做的，經過悲傷激動的兩小時，戴斯蒙失去桃樂絲了。

　　葬禮那天，似乎連天空都同感哀悼，雨不停落下，儘管下雨，還是有很多人來參加葬禮，大家都愛桃樂絲。送葬隊伍抵達桃樂絲即將長眠的國家墓園時，走在隊伍最前端的戴斯蒙從山上回頭，看見一輛又一輛的車子爬上山坡，前往墓地。

　　然後，傷心困惑的戴斯蒙回到了家。因為他耳朵聽不到，平常都是桃樂絲在打點家裡的一切事務，他搞不清楚家中物品的位置。這固然令人困擾，但最令人難受的，還是他對桃樂絲的思念。

　　接下來的幾個月很難熬，教會以及位於查塔努加的榮譽勳章博物館的朋友，還有其他人都對他很好，但他還是感到極為失落。失去桃樂絲這件事本身已經是令人難以承受，加上他又耳聾，更是雪上加霜。有時他會想，或許有天他會再婚，但基於對桃樂絲及和她相處的回憶的尊重，他決定至少兩年內不會這樣做。何況，誰會願意嫁給一個耳朵聽不見的人呢？他每天腦海裡都縈繞著這些心事。

The United States Army

MEDAL OF HONOR

THE NATIONS HIGHEST MEDAL FOR VALOR

第 19 章

重拾笑容

　　桃樂絲車禍身亡一年後，戴斯蒙開始覺得他需要一個伴。尤其是一個朋友提醒他，桃樂絲不會希望看到他像現在這樣孤單度日。

　　有天安息日愛宴後，戴斯蒙和牧師和師母聊天，又講到了他再婚的話題。戴斯蒙說：「我需要有人能煮頓像樣的飯。我發現我真的沒辦法再這樣下去了──一天吃罐頭碗豆，另一天吃其它種類的罐頭豆子；有時會煮幾顆馬鈴薯，但也只是加點鹽。如果能找到一個善於持家的人就好了，如果還能會做一點家事的話，就一定勝過我現在的程度了！」

　　「最重要的還是，因為我聽不到的關係，需要一個人幫忙把講道內容寫下來。噢，對了！我收到的大量信件也需要有人幫忙處理。」

　　師母發出輕笑：「戴斯蒙，你是在找太太，不是在選購一輛新車。」他們都笑了出來。但戴斯蒙明白，因為自己耳朵聽不到，能夠配合他的需要的女性不容易找。

野林

　　「野林」（Wildwood）是一間自給自足的私人機構，座落

在離守望山約32公里遠的山下。他們正舉行一個醫學為主題的研討會，與會者來自各個不同的機構，來這裡分享上帝帶領的經驗。

有個安息日的下午，戴斯蒙來到了野林。儘管台上的人所分享的故事他聽得不是很清楚，但他聽見會後他們的人宣佈，如果有人有興趣跟厄爾‧寇斯一起去探訪自然，歡迎報名。戴斯蒙決定去參加活動。

當他們走在山徑上，戴斯蒙看到了一位女士似曾相識。該不會是蘇‧韋斯卡吧？他和蘇早在二戰前就認識了。「她為何會來到野林？」沒錯，就是蘇！他們兩個高興的交換著彼此的近況。蘇告訴他，她先生最近剛過世了，戴斯蒙因而猜想，她來到野林的目的可能是為了要散散心，走出悲傷。

「蘇，妳在這裡做什麼？」戴斯蒙很有禮貌的問道，儘管他認為自己已經知道答案了。

「噢，我在這裡當志工。我很喜歡野林，這裡的職員和志工們人都很好。我們都覺得，是上帝把我們從四面八方聚集到這裡，大家能一起同工真好。我覺得這是上帝現在要我去的地方。」她答道。

健行結束時，蘇告訴戴斯蒙：「你將來要是有興趣參加

野林的活動，我可以試試看幫你把別人說的話寫下來，拿給你看。」這主意真好！戴斯蒙接受了她的好意，結果他發現，他可以從講道中獲得的東西比以前多的多，她真是位好秘書！

「如果能夠找到我覺得是上帝要給我的那位伴侶，我真的很希望能再婚。」蘇於是開始在腦海中搜尋那些參加野林活動的女性，有無適合戴斯蒙的。她確實知道幾位寡婦，也許她們當中會有人就是他未來的「那一位」。

有天，她決定要打電話到「快樂洞」，它是一對姊妹所居住的貨櫃屋，她們的名字分別是法蘭西絲・杜曼以及桃樂絲・強森，她們的先生都已經去世，電話是桃樂絲接的。「兩位小姐有沒有興趣認識戴斯蒙・杜斯？他很孤單。」

桃樂絲和蘇講了比較久。法蘭西絲當時在她的房裡，但有聽到他們談話的結尾——但也只聽到其中一部分而已。

桃樂絲掛斷電話，告訴法蘭西絲：「蘇想知道，我們兩人有沒有興趣認識戴斯蒙・杜斯？」

「嗯，我有。」法蘭西絲有點不好意思的表示。

這時，法蘭西絲想起之前舉行醫療研討會的期間，在一場會議結束時，她在教會的走道等著跟比爾・道爾打招呼。比爾是她的朋友，來自紐約的活泉教會。當時他正在跟其他人講

話，於是她在旁邊等著。那時戴斯蒙就站在附近，他也是在等比爾。輪到他時，兩人熱情的擁抱彼此，並說了幾句話，戴斯蒙才離開。法蘭西絲看著他們，心想：「真希望我能認識他。」也許，現在透過蘇，她的願望能夠成真。

於是，過了一陣子，某個安息日，蘇和法蘭西絲造訪了守望山上的教會。愛宴後，戴斯蒙載兩位女士去拜訪瑪格麗特·米勒，一位中風的姊妹。之後，他們又回到教會。當蘇和戴斯蒙在戴斯蒙剛剛開的小貨車裡聊天時**（他的車子剛好送修）**，法蘭西絲就在附近隨便晃晃。

很快的，到了兩位女士要告辭的時刻。向來很有紳士風度的戴斯蒙，走到蘇的車子駕駛座的另一側，為法蘭西絲開啟車門，然後再轉到駕駛座那側，要為蘇開門。但在他伸手開門之前，蘇靠過去，低聲問他：「你覺得她怎樣？」突然他想到，剛剛應該多注意那位女士法蘭西絲──但他沒有。

造訪守望山約三週後，法蘭**（法蘭西絲的簡稱）**在位於特倫頓附近一座山谷的新英格蘭復臨教會教導安息日學。她想到，「何不找戴斯蒙來分享他的故事？」她知道他不時會受到類似的邀約，但因為他聽不見，她便趁著某天下午休假時，親自到他家拜訪，但他不在家，於是她留了個字條：「想請問，下個

星期你可以來新英格蘭教會分享你的故事嗎？」

　　他回電給她，說他會來（他還是能講電話，只是無法聽到對方的聲音），於是事情就這樣說定了。

　　結果，星期五下午開始下起雪來，是南方罕見的暴風雪。到了星期六早晨，積雪已達30公分深，且又繼續下了一整天。那天沒人能出門。戴斯蒙因雪被困在他守望山的家中，而法蘭西絲和桃特（桃樂絲的簡稱）被困在她們在野林的貨櫃屋。戴斯蒙打電話給法蘭西絲，告訴她他不能來了。法蘭西絲說，她也不會去新英格蘭教會了，不過她猜戴斯蒙可能聽不到她說的話。

　　後來法蘭西絲留言給他：「很遺憾上次下雪，以致演講取消。請問你願意在下次輪到我當負責人時——也就是4月的第二個星期六——再來一趟嗎？我們中午會有個愛宴，如果你願意，非常歡迎你留下來跟我們一起享用。另外，如果你覺得我可以的話，我願意幫你把講道內容寫下來。」

　　戴斯蒙回覆了法蘭的留言：「好啊，我4月很樂意去。對了，晚飯後，我們要不要去散個步，進一步認識彼此？最後，謝謝妳主動說要幫我寫下講道內容，我相信妳會做得很好。」

　　很久以後，戴斯蒙才告訴法蘭，他當時連就算見到法蘭本

人都不確定能否認出她來——他在守望山那次對她的印象大概就僅止於此。不過幸好，他在新英格蘭教會見到法蘭時，還是認出她了。

★★★★★

探詢

戴斯蒙在野林有幾位朋友，他特別找了其中幾人來問：「你認識法蘭西絲‧杜曼吧！她人怎麼樣？」朋友對她的評價都令戴斯蒙感到很滿意。同時，戴斯蒙得知，她打算要在5月退休，退休後要搬到北卡羅來納州，與兒子同住。他告訴自己：「我不能讓她搬到北卡去，我可能會因此失去她，我得『打鐵趁熱』！」

★★★★★

新起點

「你要不要下山跟我一起去參加禱告會？」法蘭提議。

「好，我會去。」戴斯蒙答應了。

於是，法蘭和桃特去了新英格蘭教會參加禱告會，但戴斯蒙沒來。「他去哪裡了呢？」她們在會後又再等了幾分鐘，但

還是沒等到戴斯蒙。

桃特說：「他會不會以為是跟你在野林的禱告會碰面？」

「我想應該不會。」她想了一下又說，「不過，仔細想想，也許他真的會錯意了，畢竟我們沒有講明是哪個地方。」

於是，兩人回到野林，發現教堂黑漆漆一片。不過，當他們正準備打道回府時，發現了戴斯蒙，他人還在教堂，但也準備要走了──他的確是去了野林的禱告會。

後來講起這次陰錯陽差的事件，他們覺得這是上帝的刻意安排。因為法蘭西絲若在旁邊的話，戴斯蒙就沒有機會向伯納爾及瑪嘉莉・鮑德溫這對醫生夫妻詢問他們對於他和法蘭西絲的交往有何看法。但剛好她不在，因此他才有機會徵詢他們的意見，他們給他了很好的建議，也祝福這段感情。

那天晚上離開野林前，戴斯蒙和法蘭西絲講了幾分鐘話。戴斯蒙表示：「我還沒向妳求婚！」

「對，你還沒有。」法蘭西絲笑著說。

「我打算在星期五這樣做！」他說。

法蘭西絲知道，星期五在查塔努加會有一場遊行，是每年軍人節的遊行活動，身為榮譽勳章得主的戴斯蒙每年都會受邀參加。不過，戴斯蒙為何特意挑這天，法蘭西絲並不明白。

　　遊行要到下午一點才開始，不過在那之前會有個午宴。「現在才早上九點鐘，接下來會發生什麼事？」法蘭西絲很好奇。結果，戴斯蒙把車開到了查塔努加的國家墓園，並繼續往上開到「榮譽勳章之樹」的山丘上，桃樂絲的墓地就在附近。這對情侶環顧四周，然後⋯⋯

　　「法蘭西絲，妳願意嫁給我嗎？」戴斯蒙將法蘭西絲摟入懷中。

　　「是的，我願意。」她回答。

　　正式訂下婚約的感覺真好，他們真的是要為這一天特別感謝上帝，於是，兩個人一起禱告，然後下山加入遊行隊伍。

　　「親愛的，能和你一起參加遊行真好。我是第一次來，我以前從來沒參加過遊行。我想你應該參加過很多次了。」他說他的確是。

　　在墓地求婚確實不太尋常，法蘭西絲仔細想過，覺得戴斯蒙應該是認為，他生命的某部分已結束，現在要展開新的階段，而墓地正適合作為重啟新生命的起點。她後來得到證實：戴斯蒙的確是這樣想的。

★ ★ ★ ★ ★

婚禮

戴斯蒙和法蘭西絲正一起查看1993年的月曆：他們的婚禮應該定在哪一天？「親愛的，」戴斯蒙說，「我7月4日得要去一個在蒂弗頓尼亞的浸信會教堂演講，7月5日則要參加道格拉斯維爾的遊行。我們何不在這之前結婚？這樣我們就可以一起去。大家總是邀請我參加這個、參加那個，我不想自己一個人去。」

「桃特會當我的首席女儐相，至於伴娘，我想請我另一位姊妹——瑪莉來擔任。可是瑪莉和她先生艾爾6月要去華盛頓州看兒子，要到6月底才回來。我們要不要定在7月1日禮拜四？晚上六點這個時間可能會比較好。」法蘭西絲建議。

「我也覺得這樣好。」戴斯蒙說。「既然妳在野林工作，妳覺得他們有沒有可能讓我們在他們的教會舉行婚禮？守望山教堂不夠大，我想我們兩個都希望是在大教堂舉行婚禮。」

「是的，我也是希望這樣。我想婚禮在野林舉行沒問題，我們可以舉辦個簡單的婚禮，並且在各教會公布這個喜訊，邀請所有街坊鄰居參加。」

婚禮團隊在預演時，波金長老問戴斯蒙（**只是當作練習**）：「你

是否願意娶這女人為妻？」戴斯蒙竟然說：「我當然願意！」大家都笑開了。不過，波金長老建議，到真正婚禮時，還是回答「我願意」就可以了。

結果，婚禮當天來了大約300人，讓戴斯蒙和法蘭西絲喜出望外。「我猜他們是想看看老人結婚是什麼樣子。」法蘭西絲後來笑著跟戴斯蒙說。

戴斯蒙和法蘭西絲從認識、交往到共結連理，這整個過程簡直像個夢，甚至可以說，像個奇蹟；當他們回顧上帝是如何把他們兩個帶到彼此面前時，就更是肯定這樣的答案。婚後這些年來，杜斯家始終幸福平安，他們每天都感謝上帝帶給他們的喜樂。

戴斯蒙多次受邀講述他二戰期間在沖繩以及其他戰區的經歷；這是其中的一次。照片中，他正在示範他當年把傷兵吊下懸崖所使用的稱人結打法。

儘管戴斯蒙獲得榮譽勳章已經是50多年前的事了，仍常碰到有人來向他索取簽名，也常受邀到教會、學校，及其他集會

場合演講。他很感謝自己能夠繼續藉由這些活動，鼓勵別人與
上帝同行。

The United States Army
MEDAL OF HONOR
THE NATIONS HIGHEST MEDAL FOR VALOR

第 20 章
重返沖繩

戴斯蒙・杜斯1995年攝於前田高地。如今，斷崖頂端設置了一座美麗的紀念公園。戴斯蒙所站的位置是當年他將傷兵垂降下懸崖的地方。

1995年3月，戴斯蒙收到了一封來自美軍駐沖繩部隊指揮官約翰・曼德威爾的正式信函，邀請曾參與沖繩戰役的退伍軍人重返沖繩，出席美軍二戰戰勝日本的50週年紀念活動。這個活動也是為了慶祝美日兩國50年來的友誼與和平。

　　星期天，戴斯蒙和法蘭西絲飛到了沖繩。約翰・曼德威爾和他的夫人前來接機，其他一起來的還包括布萊安・坎特及他的夫人米雪兒。原來，約翰・曼德威爾得知戴斯蒙和法蘭西絲是復臨教會信徒，於是體貼的安排了同為教友的布萊安・坎特上尉當戴斯蒙在沖繩時的導遊。

　　後來，布萊安告訴戴斯蒙：「你們在沖繩的這段時間，有些既定行程是一定要出席，但其他時間就是自由活動，可以隨自己安排。你們想去哪裡儘管告訴我，我樂意效勞。」

　　有一天，他們去參觀越戰紀念碑，它有點像華盛頓的那道

牆，上面寫滿了犧牲者的姓名。另一天，他們去了伊江島，也就是著名戰地記者恩尼‧派爾被殺的地方，前往該島的過程一波三折，頗為刺激，那天布萊安的太太米雪兒也來了。

戴斯蒙和法蘭西絲搭乘直昇機前往座間味島。對這對快樂的夫妻來說，這是趟歡樂的旅程。

　　每日的行程結束後，戴斯蒙和法蘭西絲以及布萊安會返回布萊安他們家，一齊享用一頓美妙的晚餐。米雪兒會邀請教會裡的不同家庭來與他們共進晚餐，認識戴斯蒙。對於這樣的聚會，他們非常樂在其中。

　　教會前方有一個紀念碑，紀念曾參與沖繩戰役的士兵們，上面有戴斯蒙的名字。曾經，在前田斷崖附近有個特別為戴斯蒙‧杜斯的事蹟而建的紀念碑，但後來隨著高樓一棟棟蓋起來，紀念碑漸漸被埋沒在水泥叢林及雜草中。於是，後來有關

前田高地的和平紀念碑。

單位決定將那座大紀念碑搬到崖下，放到教會的院子中。因此，現在它就豎立在教會的前院。

★ ★ ★ ★ ★

回首

　　戴斯蒙和法蘭西絲的生活最近做了些改變。他們從田納西州查塔努加附近的守望山，搬到阿拉巴馬州的皮埃蒙特，離兒子麥可‧杜曼和媳婦崔西住的地方不遠。由於戴斯蒙這幾個月來幾乎已失明，他們不再接受任何演講的邀約。他們對新環境適應良好，但仍期盼他們寶貴的救主耶穌的復臨。

　　當戴斯蒙回首長長的一生，他不禁會想起——有時是帶著讚嘆，但更多是帶著感謝——上帝，宇宙之主，是怎麼樣親自顧念了他。

The United States Army

MEDAL OF HONOR
THE NATIONS HIGHEST MEDAL FOR VALOR

第 21 章

癌症

　　「親愛的，我最近有點不太舒服，而且排尿時好像有些困難。」1999年的某一天，戴斯蒙向法蘭西絲透露。事實上，他的這些症狀已經有一段時間了。法蘭西絲的兒子麥可・杜曼是一名麻醉師，在喬治亞州的羅馬市工作。

　　「媽，你何不帶爸來羅馬市看馮比醫師？他是泌尿科的權威，讓馮比醫師看看爸爸是怎麼回事吧！」有天麥可在電話中提議。

　　「這建議聽起來不錯——不過要戴斯蒙願意。」法蘭西絲說。結果戴斯蒙欣然接受，於是在6月22日，兩人來到了馮比醫師的診間。

　　醫生跟戴斯蒙談過後，覺得戴斯蒙可能是膀胱痙攣，不過他要確定一下。「我必須做個切片檢查。」他告訴他們。

　　「馮比醫師，請問是什麼時候？」法蘭西絲問。

　　「明天好嗎？」他回答。

　　於是，第二天早上戴斯蒙來到醫院的門診。結果出來後，麥可跑來找戴斯蒙並告訴他：「你今天早上的抽血結果有點異常：你的血紅素很低。」

　　「那代表什麼？」戴斯蒙和法蘭西絲異口同聲的問。

　　「你得等馮比醫師向你們解釋。」他說。

　　幾分鐘後，馮比醫師來了。除了重複麥可的話，他還說：「我們得幫你輸血，切片要延後幾天再做，因為在血紅素這麼低的情況下給你麻醉是很危險的。」於是，戴斯蒙那天接受了約1420cc的輸血，醫生也給了他抗生素。

　　幾天後，戴斯蒙做了切片。法蘭西絲在候診區等待，叫到她時，馮比醫師跟法蘭西絲去醫院大廳談了一下。

　　「杜斯太太，你先生的膀胱長了腫瘤。現在，我們得幫他做個電腦斷層，以確定腫瘤是否有擴散，以及擴散的程度。」

　　檢查很快就排定。戴斯蒙依指示來到醫院的另一棟建築，躺在一張硬梆梆的床上，被機器在檢查室裡的一個小密閉空間裡推進推出，做膀胱的X光照。電腦斷層證實了他膀胱確實有長癌，幸好並未擴散到任何其他器官。

　　後來，麥可告訴戴斯蒙和法蘭西絲：「馮比醫師非常訝異腫瘤只有長在膀胱，這種癌症通常都是從別的器官轉移到膀胱。」但接下來要怎麼辦？

　　戴斯蒙——還有法蘭西絲——覺得戴斯蒙這時需要特別的禱告。於是，有天他們來到區會辦公室。那裡的同工們圍繞著戴斯蒙，禱告祈求他得醫治。對戴斯蒙來說，這帶給他真正的鼓勵。

　　另外還有一次特別的禱告會，是在戴斯蒙的家裡舉行。他和法蘭西絲記得，《聖經》中雅各書有寫到，一個人如果生了病，應該請教會的長老來為他禱告，並用油抹頭，憑著這樣信心的禱告，生病的人將會得醫治。因此，有天約翰・史瓦福德、艾倫・威廉森，及勒斯・里利這幾位長老來到了戴斯蒙在守望山上的家，並照著《聖經》所指示的，禱告並用油抹他的頭，那是次美好的服事。

　　不過，從醫學的角度來看，醫生們會希望戴斯蒙接受膀胱癌的療程；而戴斯蒙和法蘭西絲也相信，上帝給予醫生智慧，讓他們能治癒各式各樣的病症，包括癌症。於是，接下來六週的每個禮拜二，戴斯蒙都會接受一種療程，將一種可以殺死癌細胞的物質嵌入他的膀胱，並在那停留一段時間。

　　每次接受完療程，副作用都讓戴斯蒙有些難受。他會覺得有點噁心想吐，且全身都怪怪的，不太舒服。有幾次他還發高燒，變得非常虛弱，然而，前方卻有一個奇蹟在等著他！且讓大家拭目以待吧！

★ ★ ★ ★ ★

前鋒會

前鋒會（Pathfinder，**是由復臨教會所組成的組織，以青年人為主，提供各種榮譽勳章予會員學習。**）國際金波利大會即將於8月10日到14日在威斯康辛州的奧什科什盛大舉行。

「法蘭西絲，我們希望妳和戴斯蒙能來參加這次的金波利大會。戴斯蒙每次來，都能

在一次於喬治亞州的科琥塔隶所舉行的前鋒會金波利大會中，戴斯蒙把喬治亞─坎伯蘭區會青年事工部的負責人約翰·史瓦福德用稱人結「綁了起來」。攝於1998年4月18日。

帶給年輕人許多啟發和鼓勵。你們有計畫來參加嗎？」青年事工部負責人約翰·史瓦福德在電話的那一端說道。

「約翰，我不敢保證。你知道，戴斯蒙因為罹患癌症，需要做化療。我知道他一定很想參加，但還是要看他做完化療的情況。我們先保持聯絡。」法蘭西絲說。因為戴斯蒙耳聾，他不會透過電話講話，就由法蘭西絲代勞。

有次在醫生診間的時候，戴斯蒙問：「馮比醫師，我們在考慮是否要去威斯康辛州，參加一個為青少年舉辦的營隊；但

它的時間正好卡在我最後一個療程的那週。如果我把療程延後一週，不知可不可行？」

馮比醫師說：「沒關係，你要是真的想去的話，就把療程延後吧！」於是戴斯蒙開始做去的打算。時間過得很快，轉眼就到了預計前往威斯康辛的前一週。法蘭西絲的姊妹桃樂絲‧強森也打算去，一方面幫忙開車，一方面順便去看她兒子；她兒子住在傑佛遜縣，離奧什科什市不遠。

那天是營隊開始前一週的禮拜二。「親愛的，我覺得很不舒服。這個禮拜的療程真的把我搞昏了。」戴斯蒙告訴法蘭西絲。「我想威斯康辛還是別去了，儘管我實在很想去。要是我們到了那裡，我又覺得不舒服，這樣不太好。」因此，他們決定還是待在家裡比較好。

「親愛的，既然我們打消了去威斯康辛的計畫，我要不要乾脆就去完成我的最後一個療程？雖然醫生說我可以等等沒關係。」戴斯蒙星期一晚上的時候問法蘭西絲。

「對，我也覺得你就乾脆把它做完。」法蘭西絲表示贊成。

於是，第二天，戴斯蒙再次去醫院門診，接受他的最後一個療程。然後，第一個奇蹟發生了：他接受完療程後，沒有像平常一樣覺得身體不舒服。

　　星期三早上約九點的時候，電話響起，法蘭西絲跑去接。是約翰・史瓦福德從奧什科什的營地打來的。他剛從他喬治亞州卡爾霍恩市的辦公室得到消息，說戴斯蒙不來了。

　　「法蘭西絲，戴斯蒙現在的情形怎樣？妳覺得他有可能來營隊嗎？我們真的很希望他能來。今晚的節目有將他安排進去，我們和其他前鋒會會員如果沒能見到他，會很失望的。」

　　「約翰，我星期一有想辦法，看能不能在星期二的時候飛到你們那裡。我本來是想請你幫忙找人來接我們，但我打電話沒找到你。戴斯蒙是昨天剛進行最後一次療程，但我還是來問問看他，看他怎麼說。」法蘭西絲表示。

　　於是她去跟戴斯蒙商量。「親愛的，約翰打電話來。他想知道，如果他們可以幫我們安排好，你有沒有可能今天飛到奧什科什？」

　　「當然好！」

　　於是，法蘭西絲拿起話筒，轉達了戴斯蒙的回覆。半小時後，約翰跟佛烈德・富勒又打來了：「你們可搭十二點半從查塔努加起飛的班機，在辛辛那提轉機，大約傍晚五點抵達阿爾普頓。佛烈德・富勒會在那裡接你們，帶你們到營地。」

　　戴斯蒙・杜斯終於抵達營地，並如期地上台，他將大約75

個人拖到懸崖邊，將他們垂降十多公尺，讓他們可以被帶下崖送往醫護站，因而獲得榮譽勳章的故事，說給了在場的22,000名男孩和女孩以及協助籌辦營隊的輔導員們聽。

　　然後，他們給了戴斯蒙了一個最棒也最出乎意料之外的驚喜。「戴斯蒙・杜斯，一直以來，你和前鋒會會員一起同工，參與他們的金波利大會，多次在活動中跟他們分享互動，而你自己也不時夢想著能成為一名團師（Master Guide）。今晚，我們要讓你的願望成真。」然後，艾倫把象徵團師的領巾圍在戴斯蒙的脖子上。「恭喜，你現在是一名團師了！」這對戴斯蒙來

戴斯蒙和法蘭西絲身著前鋒會制服。戴斯蒙將他的故事講給22,000名年輕的前鋒會會員聽。

說，是多大的驚喜。他接受這榮譽時表示：「這是我這輩子最感榮耀的一刻，比得到榮譽徽章還好。」

位於伊利諾州南部的《三天使廣播網》也來營會跟拍，將戴斯蒙接受頒發團師的過程全程錄影，在該台的衛星電視上播放，戴斯蒙自己也有一卷當天晚會的錄影帶。

戴斯蒙與前鋒會各小組的成員聊天互動，並為一本關於他的故事的新書*Desmond Doss in God's Care*（暫譯：**上帝看顧戴斯蒙・杜斯**）簽名。戴斯蒙不管到哪裡，小男生小女生都跟他要簽名，不然就是想跟他握手或講話。

現在要宣佈，第二波的奇蹟是什麼。戴斯蒙在療程後，通常都會有幾天的時間感到噁心想吐、發燒、身體虛弱。在營會期間，儘管戴斯蒙週二才剛完成療程，他卻覺得身體狀況好得很，只是偶爾會有點反胃。他發現，喝點蕃茄汁可舒緩症狀。於是，工作人員特別留意，確保蕃茄汁隨時都有存貨，讓戴斯蒙想喝就一定有得喝。整體而言，他胃口不錯，也很喜歡那裡的餐點。

1999年的前鋒會金波利大會於週日早上劃下句點，該是打包回家的時刻了。不離不棄的佛烈德・富勒再次開車載戴斯蒙和法蘭西絲到阿爾普頓的機場，當天下午他們就回到田納西

州的查塔努加了。戴斯蒙取了車，馬上跳上駕駛座，開去附近的加油站加油。不過，法蘭西絲看得出他人其實很不舒服，於是，趁他去加油時，她移到駕駛座，把車開回了家。

到家後，戴斯蒙說：「我覺得身體快癱了！」然後，照法蘭西絲的說法，他「直接倒在床上」。

接下來兩天，他的腸胃將所有吃進去的食物全吐光，之後的兩天也好不到哪去，然後，他又在醫院待了兩天。約有兩週的時間，他人感到非常不舒服。

這就是為何戴斯蒙和法蘭西絲會說，奧什科什的金波利大會對戴斯蒙來說是個奇蹟。因為在營會的那四天以及去程、回程，戴斯蒙都沒有不舒服，胃口也很好，和年輕人相處得很開心，幫忙簽書，參加遊行，以及參與許多其他的事情。但當他一回到家，他就開始不舒服了，以往療程結束還不會難受到這個地步。」

「為何他在營地時人沒有不舒服？為何他那時胃口那麼好？為何他沒有在營隊期間病倒？」他倆覺得，是上帝為他行了一個神蹟。

當然，醫生仍在追蹤戴斯蒙的腫瘤。儘管在1999年9月的檢查報告，切片是呈陰性反應，但到了12月又變陽性了。於

是，在2000年2到3月間，戴斯蒙做了30次的放射線治療。6月時再次檢查，結果呈陰性。他有了體力從事更多活動，做更多工作；他已經很久都沒能這樣，而且也不會像以前那樣覺得那麼疲累。

戴斯蒙最近一次接到檢查報告呈陰性反應時，心裡實在是太高興，決定要再次造訪卡爾霍恩的喬治亞—坎伯蘭區會辦公室。那天他們要離開時，戴斯蒙和法蘭西絲——以及約翰和他的秘書格蘭達，還有其他人——雙膝跪下感謝上帝；謝謝祂看顧戴斯蒙，也謝謝祂讓戴斯蒙檢查出來是正常的。

上帝一直看顧著戴斯蒙，他要親自見證這一點。以下是他的見證：

來自戴斯蒙‧杜斯的信息
2000年7月

我想說的是，這次在奧什科什所舉辦的前鋒會金波利大會成為一名團師，是我此生最大的榮耀。

對我來說，這代表的是我對年輕人深摯的愛。當著22,000名年輕人面前，我被授予了團師的身分，我手邊還存有《三天使廣播網》在當天所錄製的錄影帶。

現在，我想談談自己罹癌的經驗。

1999 年 6 月的時候，我發現自己得了膀胱癌，曾經有度病情嚴重到虛弱的無法站立或行走。有兩次我們去看醫師的時候，我無法自己走進去看診，法蘭西絲得跟醫生的診療室借輪椅，把我推進去。當時病弱到這種地步，吃下去的東西全都吐出來，我不禁想：「自己還能撐多久？」

那時，我真是感謝我們有著「有福的盼望」，相信主耶穌即將復臨。我已做好在耶穌裡安息的準備；我已照著《聖經》中雅各書的指示，請約翰‧史瓦福德長老和艾倫‧威廉森長老，以及勒斯‧里利長老為我禱告並抹油；他們也是我多年的老友，我們沒有一定要尋求神的醫治，我們所求的是祂的旨意與成全。因為我相信上帝知道什麼是最好的，心裡就得到很大的安慰。如果上帝的旨意是要我先休息，直到耶穌再來，我欣然接受。

如果我死了，耶穌復臨那天我會從墳裡被喚起。屆時我將以無瑕的身體，完美的健康狀態繼續事奉祂；我也能與相愛的人還有朋友們在一起，直到永遠；有這個認知是很大的祝福。

哥林多前書 2：9 告訴我們：「神為愛祂的人所預備的，是眼睛未曾看見，耳朵未曾聽見，人心未曾想到的。」約翰福音

14：15也告訴我們：「你們若愛我，就必遵守我的命令。」因為我全心全意愛上帝和基督，我總是盡力遵守十誡。而十誡的精神就包含在《聖經》的金科玉律裡面；我想，我會得到這個榮譽勳章，是因為上帝賜給了我對同胞的愛。因此，我優先考慮他們的需要；因此，我樂於助人。

　　回到癌症的主題。我上次做的切片已無癌變跡象，於是我明白，上帝的心意是要治癒我的癌症。既然如此，我希望能繼續為祂所用，幫助更多的人也能全心全意愛耶穌。

你誠摯的，

戴斯蒙・杜斯

左圖是戴斯蒙和法蘭西絲攝於他過世前一年2005年9月1日，右圖是戴斯蒙葬於阿靈頓國家公墓。

（戴斯蒙・杜斯因晚年長期遭受肺病之苦，進出醫院多次，終至2006年3月23日死於阿拉巴馬州皮埃蒙特市的家中。）

★ ★ ★ ★ ★

後記

戴斯蒙・杜斯的生平略歷：

1919年2月7日／出生於維吉尼亞州的林奇堡市。

1927-1936年／就讀林奇堡市的私立教會學校。

1937-1942年／八年級畢業後在當地的木材工廠工作，之後到市政府工作，沒多久又到造船廠工作，幫忙維持家計，直到1942年美國經濟大恐荒結束。

1942年／被徵召入伍。同年與桃樂絲・舒特結婚。

1943年／派駐亞歷桑納州。

1944年／經過兩年在美國本土服役後，將開始參與海外作戰：第二次的關島之役和菲律賓之役。因拯救傷兵，獲得銅星勳章。

1945年／參與第二次大戰最激烈的沖繩之役。同年獲得最大殊榮——榮譽勳章。

1946年／因受到戰役中重傷的後遺症，以及在雷伊泰島感染肺結核而提早退役。同年兒子戴斯蒙・杜斯二世（Desmond Tommy Doss）出生。

1951年／因疾病和軍中重傷，身體已有90%部分不良於行，自

1946年起5年半的時間在榮民醫院度過。

1976年／因聽力惡化，兩耳全聾。

1988年／移植人工電子耳而重獲聽力。

1991年／第一任妻子桃樂絲死於車禍。

1993年／與第二任妻子法蘭西斯‧杜曼結婚。

1995年／重返沖繩。

1999年／罹患膀胱癌。在金波利大會上對22,000名前鋒會會員
作見證。

2006年／死於阿拉巴州家中，葬在田納西州阿靈頓國家公墓。

★ ★ ★ ★ ★

勳章

戴斯蒙‧杜斯一生榮獲許多勳章，其中較著名的如下：

★ 榮譽勳章（Medal of Honor）

★ 銅星勳章（Bronze Star Medal）

★ 紫心勳章（Purple Heart Medal）

★ 陸軍品德優良獎章（Army Good Conduct Medal）

★ 美國戰功獎章（America Campaign Medal）

★ 亞太作戰勳章（Asiatic-Pacific Campaign Medal）

國家圖書館出版品預行編目(CIP)資料

不戰的勇士：鋼鐵英雄戴斯蒙 / 法蘭西絲.杜斯(Frances M.
Doss)著；鍾友珊譯. -- 初版. -- 臺北市：時兆, 2018.1
　　面；　公分
譯自：Desmond Doss : conscientious objector：the story of an
unlikely hero
ISBN 978-986-6314-73-5(平裝)

1.戴斯蒙(Desmond, Doss, 1919-2006) 2.傳記 3.基督徒 4.見證

244.95　　　　　　　　　　　　106014861

DESMOND DOSS：CONSCIENTIOUS OBJECTOR

不戰的勇士：鋼鐵英雄戴斯蒙
(Desmond Doss：conscientious objector：the story of an unlikely hero)

作者／法蘭西絲・杜斯 （Frances M. Doss）
譯者／鍾友珊

董事長／金時英
發行人／周英弼
出版者／時兆出版社
服務專線／886-2-27726420
傳真／886-2-27401448
地址／台北市10556八德路二段410巷5弄1號2樓
網址／www.stpa.org
電子信箱／stpa@ms22.hinet.net

責任編輯／時兆出版社編輯部
封面設計／時兆設計中心
內頁設計／時兆設計中心
法律顧問／元輔律師事務所　電話 886-2-2706-6566

商業書店總經銷／聯合發行股份有限公司 TEL: 886-2-29178022
基督教書房總經銷／TEL: 0800-777-798
網路商店／store.pchome.com.tw/stpa

ISBN／978-986-6314-73-5
定價／新台幣280元
出版日期／2018年1月 一刷
**　　　　　2019年3月 二刷**

Original English edition copyright©2016 by Pacific Press Publishing Association.

若有缺頁、破損、裝訂錯誤，請寄回本社更換。